KB214405

예배다운 예배

-그대가 존재해야만 하는 이유-

다함
도서출판 **다** 은

1. 다윗과 아브라함의 자손
아브라함과 다윗의 자손으로, 하나님 구원의 언약 안에 있는 택함 받은 하나님 나라 백성을 뜻합니다.

2. 마음과 뜻과 힘을 다하여 하나님을 사랑하라
구약의 언약 백성 이스라엘에게 주신 명령(신 6:5)을 인용하여 예수님이 가르쳐 주신 새 계명
(마 22:37, 막 12:30, 눅 10:27)대로 마음과 뜻과 힘을 다해 하나님을 사랑하겠노라는 결단과 고백입니다.

사명선언문
1. 성경을 영원불변하고 정확무오한 하나님의 말씀으로 믿으며, 모든 것의 기준이 되는 유일한 진리로 인정하겠습니다.
2. 수천 년 주님의 교회의 역사 가운데 찬란하게 드러난 하나님의 한결같은 다스림과 빛나는 영광을 드러내겠습니다.
3. 교회에 유익이 되고 성도에 덕을 끼치기 위해, 거룩한 진리를 사랑과 겸손에 담아 말하겠습니다.
4. 하나님 앞에서 부끄럽지 않도록 항상 정직하고 성실하겠습니다.

예배다운 예배
그대가 존재해야만 하는 이유

초판 1쇄 인쇄 2022년 07월 13일
초판 1쇄 발행 2022년 07월 20일
초판 2쇄 발행 2023년 08월 28일

지은이 | 김효남

교 정 | 김성민
펴낸이 | 이웅석
펴낸곳 | 도서출판 다함
등 록 | 제2018-000005호
주 소 | 경기도 군포시 산본로 323번길 20-33, 701-3호(산본동, 대원프라자빌딩)
전 화 | 031-391-2137
팩 스 | 050-7593-3175
블로그 | https://blog.naver.com/dahambooks
이메일 | dahambooks@gmail.com

ISBN 979-11-90584-53-1 (03230)

예배다운 예배

김효남 지음

You are created for worship

그대가 존재해야만 하는 이유

다함
도서출판

목차

You are created for worship

신학과 교회, 교회와 신학 사이의 괴리를 최소화시키려는 열
망과 소명이 투철한 저자에 의해 예배의 본질에 대한 소중한
책이 탄생되었습니다. 이 책의 주옥같은 지점들은 다음과 같
습니다.

첫째, 예배의 본질을 신자의 '존재론적 소명'과 유기적으
로 연결시켰습니다. 이는 통찰력이 가득한 탁월한 연결입니
다. 신자가 존재로 부름받은 가장 영광스러운 이유는 하나님
께 예배함이라는 사실을 성경적으로 설득력 있게 잘 논증해
냈습니다.

둘째, 예배의 본질을 교회, 가정, 직장, 사회적 지평 속에
서 확장적으로 이해했습니다. 한 지역 교회 안에 건조하게 갇

힌 단선적인 예배 이해가 아니라, 가정, 직장, 사회라는 공동 체적 지평 속에서 예배를 포괄적으로 이해해 하나님 사랑과 이웃 사랑이라는 두 마리 토끼를 효과적으로 동시에 잡아내 었습니다.

셋째, 예배의 본질을 균형 잡힌 개혁파 교회론 가운데서 견고하게 풀어냈습니다. 예배와 제사를 유기적으로 파악해 기독론적 해석을 미려하게 잘 그려내었고, 동시에 하나님을 아는 지식과 인간을 아는 지식 사이에서의 인식론적 고찰을 통해 예배의 뿌리를 효과적으로 역추적해내었습니다.

이 책이 하나님께 영광을 올려드리는 유려한 수단이 될 줄 확신합니다. 그 이유는 이 책을 통해 많은 신자들이 자신의 존재 이유를 정확히 깨닫고 삶의 온 지평 속에서 하나님께 참 된 산 제사를 올려드리게 될 것이기 때문입니다!

박재은 (총신대학교 신학대학원, 조직신학 교수)

참된 교회의 표지(notae verae ecclesiae)는 예배라는 실천을 통해서 증명됩니다. 칼뱅 역시 이 문제를 참교회와 거짓교회의 논쟁(argument)으로 다루었습니다. 한마디로 올바른 "예배"가 참된 기독교의 핵심이라는 것입니다. 그는 로마서 12장 1절을 설명하며 거룩함이라는 제1원리를 '신자들이 빚어내는 출발은 거룩하게 드릴 적법한 예배에 있다'고 했습니다.

김효남 박사의 『예배다운 예배』의 원고를 받고 몇 번에 걸쳐 꼼꼼이 읽으면서 큰 감동을 받았습니다. 우리는 그동안 예배와 관련하여 토미 테니나 마르바 던의 책을 읽어왔고, 최근에 와서야 빌헬무스 아 브라끌을 접할 수 있었습니다. 그러나 이 책은 한국인 저자에 의해 쓰여진 예배론입니다. 치열한 목회현장의 고민으로부터 나온 책으로 한국교회의 예배상황에 대한 성찰의 결과물이기도 합니다.

저자는 우리에게 익숙한 본문을 풀어나가면서 예배의 본질을 창조에서 시작하여 종말로 연결하고 복음과 소명으로 적용합니다. 이 책이 한국교회의 목회자들과 참된 예배를 갈망하는 신자들에게 큰 반향을 주리라 확신합니다.

임종구 (푸른초장교회 담임목사 / 설교자의 인생 저자)

여러분은 왜 이 세상에 존재하고 있습니까? 사람들이 가득한 세상에서 여러분이 꼭 존재해야 하는 이유를 알고 있습니까?

이 책은 예배에 대한 책입니다. 하지만 단순히 주일에 모여 드리는 예배에 대해 신학적으로 설명한 책은 아닙니다. 이 책을 쓰면서 제 머릿속을 떠나지 않았던 질문은 "우리가 존재해야만 하는 참된 이유를 발견하도록 어떻게 도와줄 수 있을까" 하는 것이었습니다. 저는 그 이유가 예배라고 믿습니다. 신자는 예배하기 위해 창조되었습니다. 우리는 예배하도록 부르심을 받았습니다.

이 글을 쓰는 내내 저는 진정한 삶의 예배와 주일에 모여서 드리는 의식으로서의 공예배가 어떤 면에서 불가분의 관계에 있는지 말하고 싶었습니다. 이를 통해 오늘날 한국 교회의 성도들이 우상이 아닌 참되신 하나님을 섬기는 데 조금이나마 도움이 되기를 원했습니다. 우리는 자신도 모르는 사이에 하나님을 유치하고 어리석은 신, 혹은 인간보다 조금 더 나은 수준에 불과한 그리스의 신들처럼 대하곤 합니다. 우리가 수행하는 종교적이고 예식적인 예배 행위 자체를 하나님께 행하는 의무의 전부라 생각하며 살아가기도 합니다. 일주일 동안 세상의 원리대로 살다가 주일 하루 예배에 참석하여 일정한 예식에 따라 부과된 행위를 하고 나면, 마치 하나님 앞에서 감당해야 할 예배의 의무를 다했다는 허망한 믿음에 빠지게 됩니다. 이런 모습은 하나님을 업신여기는 것과 크게 다르지 않습니다.

그래서 먼저 이 책은 성경적이고 실제적인 예배의 의미를 정의 내리며 시작합니다. 저는 몇 년 전에 17세기 네덜란드 신학자 빌헬무스 아 브라끌(Wilhelmus à Brakel, 1635-1711)의 작품 번역에 참여했습니다. 그 책의 원제는 "합당한 예배"인데, 우리말로는 『그리스도인의 합당한 예배』라는 이름으로 출판되었습니다. 이 제목은 로마서 12장 1절 말씀에 근거한 것입니다. 사실 이 책은 예배학이 아니라 교의신학을 다루는 책임에도, 제목은 "합당한 예배"입니다. 도대체 교리와 예배, 신학과 예배가 무슨 관련이 있는 것일까요? 그 책에서 말하는 예배가 매주일 예배당에서 드리는 예배라면, 과연 네 권이나 되는 엄청난 분량이 필요했을까요? 그 책에서 말하는 예배는 예식으로서의 예배가 아니었습니다. 아 브라끌이 말하는 예배는 신자의 삶 자체입니다. 그렇기에 모든 교리가 필요했습니다. 성경의 모든 진리를 알 때 진정한 삶의 예배를 드릴 수 있기 때문입니다. 교리와 신학은 예배와 직접적으로 연결됩니다. 하나님을 아는 만큼 하나님을 예배할 수 있기 때문입니다. 저는 이 책에서 합당한 예배란 매주일 정한 시간에 드리는 의식이 아니라, 태어나서 죽을 때까지 모든 시간 동안 하나님의 뜻에 순종하는 삶임을 드러내고자 했습니다.

다음으로 삶의 예배와 예식으로 드리는 예배의 상관관계를 설명했습니다. 죄로 인하여 참된 삶의 예배는 사실상 불가능하게 되었습니다. 하지만 자기 백성들에게 예배를 받기 원하셨던 하나님은 단절된 예배를 회복할 수 있는 수단을 허락하셨습니다. 이 수단은 예수 그리스도를 가리키는 것으로서 제사라는 이름으로 성경에 등장합니다. 우리는 제사 안에서 죄인과 하나님을 연결해 주는 그리스도를 발견하고 이 제사를 통해 하나님께 나아갈 수 있게 됩니다. 그러므로 제사는 잃어버린 예배를 회복시키는 하나님의 방편입니다. 구약의 제사는 신약의 예배로 그 의미가 일부 계승됩니다. 물론 제사와 예배에 중요한 단절이 없는 것은 아니지만 참된 삶의 예배와 관련하여 이 둘은 비슷한 역할을 하기도 합니다. 제사 안에서 그리스도를 발견함으로 하나님을 예배할 수 있었던 구약 성도들과 마찬가지로, 우리는 예식으로서의 예배를 통해 그리스도를 바라보며 삶으로 예배할 능력을 공급 받습니다. 그러므로 오늘날 예식으로서의 예배는 참된 삶의 열매를 위해 절대적으로 필요한 수단입니다.

셋째로 이 책은 신자의 소명에 대해 다룹니다. 신자들이 예식으로서의 예배를 통해, 하나님의 뜻을 따라 사는 참된 예배의 동기를 얻게 된다면, 이 소명을 따라 더 구체적으로 하나님을 예배하게 될 것입니다. 신자가 소명을 따라 살아가는 것은 하나님을 예배하는 데 결정적인 역할을 합니다. 신자들은 교회로 부르신 하나님의 일반적인 소명뿐만 아니라 가정과 직업으로 부르심을 받았습니다. 부르신 그곳에서 소명을 따라 사는 삶이야말로 그리스도인의 합당한 예배라고 할 수 있습니다.

마지막으로 이 책은 하나님께서 언젠가 모든 것을 정산하실 때가 필히 올 것을 경고합니다. 우리가 예배하는 삶을 살았는지 평가 받고 정산할 때가 온다는 것입니다. 참된 예배자로 살아가는 모든 수고는 헛되지 않을 뿐만 아니라 보상 받으며, 악인의 모든 게으름은 정죄 받을 때가 반드시 올 것입니다.

우리는 우연히 이 세상에 던져져 존재의 이유를 스스로

찾아내는 것이 아닙니다. 하나님이 우리를 계획하셨고 창조하셨기에 이 세상에 존재해야만 하는 이유를 하나님에게서 발견해야 합니다. 하나님은 당신의 자녀 중 그 누구도 이유 없이, 목적 없이, 이 세상에 두지 않으십니다. 부디 이 책을 읽는 모든 신자들이 이 세상에 존재해야만 하는 이유를 그리스도 안에서 깨닫게 되기를 기대합니다. 하나님을 예배하기 위해 존재한다는 사실을 깨달을 수 있기 원합니다. 그리고 여러분을 향한 하나님의 다양한 부르심을 깨달아 삶에서 구체적으로 예배하기 위해 고민하고 그 방법을 알아가는 시간이 되기를 진심으로 기대합니다.

2021년 8월 어느 날
저자 김효남

1장

예배의 본질: "그대로 되니라"
(창세기 1:26-31)

1. 예배의 본질: "그대로 되니라"

²⁶하나님이 이르시되 우리의 형상을 따라 우리의 모양대로 우리가
사람을 만들고 그들로 바다의 물고기와 하늘의 새와 가축과 온 땅과
땅에 기는 모든 것을 다스리게 하자 하시고
²⁷하나님이 자기 형상 곧 하나님의 형상대로 사람을 창조하시되
남자와 여자를 창조하시고
²⁸하나님이 그들에게 복을 주시며 하나님이 그들에게 이르시되
생육하고 번성하여 땅에 충만하라, 땅을 정복하라, 바다의 물고기와
하늘의 새와 땅에 움직이는 모든 생물을 다스리라 하시니라
²⁹하나님이 이르시되 내가 온 지면의 씨 맺는 모든 채소와 씨 가진
열매 맺는 모든 나무를 너희에게 주노니 너희의 먹을 거리가 되리라
³⁰또 땅의 모든 짐승과 하늘의 모든 새와 생명이 있어 땅에 기는 모든
것에게는 내가 모든 푸른 풀을 먹을 거리로 주노라 하시니 그대로
되니라
³¹하나님이 지으신 그 모든 것을 보시니 보시기에 심히 좋았더라
저녁이 되고 아침이 되니 이는 여섯째 날이니라

(창세기 1:26-31)

You are created for worship

신자로 살면서 우리는 신앙생활이라는 말을 가장 많이 합니다. 교회의 예배와 행사에 정기적으로 참여하는 사람들은 스스로 신앙생활을 하고 있다고 믿습니다. 이때 신앙생활이란 기독교적인 행사나 의식에 참여한다는 의미인 경우가 많습니다. 살아가는 것(생활) 자체가 신앙(믿음)으로 규정되는 것이 아니라, 자신의 삶 중에 교회와 관계된 특별한 삶의 영역을 가리켜 신앙생활이라고 하는 것입니다. 전자는 삶 전체를 의미하지만, 후자는 삶의 일부입니다. 이처럼 우리는 신앙생활이라는 이름으로 신앙과 생활을 분리한 채 살아가고 있습니다. 너무나 안타까운 모순이 아닌지요.

성경은 신앙이 생활이어야 하고 생활 또한 신앙적이어야 한다고 가르칩니다(롬 12:1). 그런데 이 두 단어가 합쳐지면 이상하게도 신앙과 생활에 분리가 일어납니다. 무엇이 문제일까요? 진정한 의미의 신앙생활이란 무엇일까요? 저는 이것이 우리 신앙의 본성에 대해 던지는 핵심 질문 중에 하나라고 생각합니다. 그리고 이 책을 통해 기독교 신앙의 가장 본질적이고 핵심적인 부분에 대하여 말하고자 합니다. 어떤 고차원적인 교리에 대해 장황한 설명을 하려는 것이 아닙니다. 이것은 우리의 믿음에 대한 본질적인 질문이며, 우리가 매일 살아가는 삶에 대한 물음입니다.

하나님을 믿는 것과 하나님을 섬기는 것

먼저 "신앙 혹은 믿음이란 무엇인가?"라는 질문에서 출발하는 것이 좋을 것 같습니다. 물론 믿음에 대해 길게 설명하려는 것은 아닙니다. 믿음이 무엇인지 정의할 때, 정통 기독교는 믿음을 구성하는 세 가지 요소를 말해 왔습니다. 그 중에 가장 먼저 언급되는 것이 "지식"이라는 사실은 중요한 의미가 있습니다. 믿음의 대상에 대한 참된 지식이 결핍된 믿음은 성경이 말하는 구원의 믿음이 될 수 없다는 뜻이니까요. 그렇다면 여기서 말하는 지식이란 무엇일까요? 궁극적으로는 하나님에 대한 지식이겠지만, 하나님에 대한 지식은 인간에 대한 지식과 분리될 수 없습니다. 종교 개혁자 장 칼뱅(Jean Calvin, 1509-1564)은 인간이 하나님에 대한 참된 지식을 얻으려면 자신에 대해 알아야 한다고 단언했습니다. 자신이 죄인이라는 사실을 깨닫지 못하면, 하나님에 대한 지식을 가져야 할 동기도 이유도 발견할 수 없기에, 인간은 하나님을 알려고 하지 않게 됩니다. 반대로 인간에 대한 바른 지식을 갖기 위해서는, 반드시 하나님에 대한 참된 지식이 있어야만 합니다. 하나님에 대한 지식이야말로 만물을 판단하는 척도이기 때문입니다. 의롭고 거룩하신 하나님을 아는 순간 그분의 심판과 정죄의 대상이 될 수밖에 없는 자신의 비참한 형편을 깨닫기 때문입니다. 그래서 칼뱅은 이 두 가지 지식은 서로 얽혀 있어서 어느 것이 먼저라고 말하기 어렵다고 했습니다. 결국 하나님에 대한 지식은 인간의 형편을 제대로 알게 하고, 인간 자신의 비참함에 대한 지식은 하나님을 인식하고자 하는 동기와 기초를 제공합니다. 중요한 것은 이 두 지식을 갖게 될 경우, 필연적으로 하나님을 섬김의 대상으로 여길 수밖에 없다는 것입니다. 그러므로 하나님을 믿노라 하면서 하나님을 섬기지 않는 것은 하나님을 믿지 않는 것입니다.

그런데 하나님을 섬기는 것은 우리 기분 내키는 대로 할 수 있는 것이 아닙니다. 하나님을 섬길 때 꼭 필요한 것이 있습니다. 그것 역시 하나님에 대한 지식인데, 엄밀히 말해 이것은 "하나님의 뜻"에 대한 지식입니다. 앞서 말한 지식이 하나님의 존재와 속성에 대한 지식이라면, 후자는 하나님의 뜻이 무엇인지 아는 지식입니다. 이 두 지식은 신앙생활에 꼭 필요합니다. 모름지기 섬김이란 섬김 받는 사람의 뜻에 달려 있기 때문입니다. 섬기는 사람은 섬김을 받는 사람이 원하는 대로 해야 합니다. 부모님의 마음을 모르면, 진정으로 부모님을 섬길 수 없습니다. 선한 의도만 있다고 해서 참된 섬김이 이뤄지는 것은 아닙니다. 그러므로 우리가 하나님을 믿고 섬기려면, 먼저 하나님이 어떤 분이신지 알아야 하고, 하나님이 원하시는 것이 무엇인지를 잘 알아야 합니다.

그렇다면 당신은 하나님을 잘 섬기고 있습니까? 많은 사람들이 겉으로는 신앙생활을 합니다. 예배도 정기적으로 출석하고, 기도도 열심히 하고, 헌금도 많이 합니다. 하지만 하나님을 "섬기지는" 않습니다. 어떤 경우에는, 하나님을 섬기는 신앙생활이 아니라, 하나님이 자신을 섬기도록 회유하는 생활을 하기도 합니다. 자신의 종교적인 행위를 신앙생활이라고 생각하는 것입니다. 기도하고, 예배 참석하고, 헌금하고, 금식 기도하고, 새벽 기도하는 것 등 종교적인 행위를 이어가지만, 그 궁극적인 목적은 하나님을 섬기는 것이 아니라 자신을 섬기는 것입니다.

　　과연 우리가 하는 종교 활동은 진정 하나님을 섬기는 것이었습니까? 오히려 마음 깊은 곳에는, 하나님이 우리를 섬겨주기를 원하고 있지 않았습니까? 내가 이렇게 해 드릴 테니 나를 도와 달라고, 헌금도 하고 금식도 할 테니 나를 섬겨달라고 한 것이, 우리가 말하는 신앙생활이 아니었습니까? 그런데도 우리는 그런 신앙생활을 통해 하나님을 섬기고 있다고 생각합니다. 그대는 하나님을 위해 희생하며 수고했다고 생각합니까? 정말로 그 수고가 하나님을 위한 희생입니까? 남들이 다 자는 새벽에 일어나는 것, 내 소중한 소득을 교회에 바치는 것, 바쁜 시간을 투자해 교회의 일을 하는 것, 그것이 정말 희생입니까? 혹시 더 큰 것을 얻기 위한 투자가 아니었습니까? 우리는 진지하게 물어야 합니다.

하나님은 우리가 굶는 것을 좋아한다고 하신 적이 없습니다. 돈을 좋아하신다고 한 적도 없습니다. 자기 백성들이 새벽에 잠을 자지 않는 것을 좋아하시는 것도 아닙니다. 왜 우리는 종종 자신을 섬기기 위해 그런 행위를 하면서, 하나님을 섬긴다고 생각할까요? 왜 우리는 종교적인 행위를 두고, 하나님을 섬기는 신앙생활이라고 생각하는 것일까요?

이 모든 문제의 뿌리에는 예배에 대한 오해가 있습니다. 그 오해는 크게 두 가지로 구분됩니다. 첫째는 예배가 무엇인지 모르고, 둘째는 예배를 어떻게 해야 하는지 모르는 것입니다.

예배의 정의

오늘날 성도들은 진정한 예배를 잃어버리고, 모형을 진품으로 여기며 살 때가 많습니다. 철저히 자신을 예배하면서 하나님을 예배한다고 생각하는 경우도 많습니다. 참된 예배는 믿음으로 살아가는 삶이며, 하나님을 섬기는 일상생활입니다. 그러나 여전히 일주일 중 정한 날 예배당에 모여 행하는 의식만을 예배라고 생각하는 경우가 많습니다. 지금 즉시 친분이 있는 교회 성도에게 전화를 해서 "요즘 예배 잘 드리고 있습니까?"라고 물어보십시오. 백이면 백, 최근 교회의 예배에 잘 참석하고 있냐는 질문으로 이해할 것입니다. 이렇게 예배를 특정한 의식으로 생각하게 되면, 신앙생활은 그저 몇 가지 종교활동으로 국한될 수밖에 없습니다. 예배 순서인 기도, 찬송, 헌금 등에 참여하는 것을 신앙생활이라고 생각하는 것이지요. 이는 대부분 주일, 예배당이라는 특정한 시간, 공간에서만 이루어집니다.

오늘날 우리에게는 이런 인식이 널리 퍼져 있습니다. 이런 오해를 부채질한 주원인 중 하나는, 믿음을 지역 교회라는 특정 기관에서만 사용하는 것으로 여기는 것입니다. 사람들은 특정한 시간과 장소에 모여 일정한 순서를 따라 행하는 것만을 예배로 여기며 이를 중심으로 이뤄지는 활동을 신앙생활이라고 생각합니다. 또 하나의 이유는 가정이라는 삶의 자리에서 부모를 통해 신앙의 도리를 배우지 않고, 교회라는 기관에 속한 사람들, 곧 목사와 교사들에게만 신앙에 대해 배우는 것입니다. 어린 시절부터 신앙생활이 특정한 날과 장소에 국한되고, 몇 가지 종교적인 행위로 제한된 채 자라가는 것이지요. 한국 교회가 주일만큼은 어떤 나라의 교회보다 열심을 품지만, 가정과 직장에서의 신앙생활은 너무나 보기 드문 광경이 되어버리지는 않았는지요.

예배 의식을 비롯하여 종교적인 행위만 신앙생활로 생각

하는 체계는 이제 무너져야 합니다. 그것만으로 하나님을 잘 섬기고 있다고 생각해서는 안 됩니다. 예배란 신앙생활 그 자체이고, 하나님을 섬기는 삶 그 자체입니다. 하나님은 특정한 날, 특정한 장소에만 계신 분이 아니시니, 예배에 대한 이 정의가 오히려 자연스럽습니다. 만약 예배를 지금처럼 오해한다면, 하나님은 거의 대부분의 시간을 예배 받지 못하는 처량한 신으로 전락되고 맙니다. 일주일에 한 시간 섬김을 받고, 그것을 대가로 나머지 모든 시간을 우리를 위해 봉사하셔야 하는 불쌍한 신이 되어 버립니다. 그러므로 신앙생활, 곧 하나님을 섬기는 삶이야말로 참되고 합당한 예배입니다.

예배의 본질: 그대로 되니라

우리는 천지 창조를 묘사한 성경 말씀에서 이 사실을 분명히 알 수 있습니다. 온 세상의 시작을 설명하는 성경의 제일 첫 부분은 예배로 시작합니다. 천지 창조에 대한 기사는 기독교인이 가장 많이 읽은 본문일 것입니다. 새해가 되어 성경통독을 결심하지만 작심삼일에 그치는 실패의 역사 속에서도, 창세기 1장만큼은 빼놓지 않고 읽으니까요. 그러나 이런 현상마저도 하나님의 섭리 가운데 있다고 말하는 것이 지나친 억측은 아닐 것입니다. 이 창조 기사는 매우 중요합니다. 특히 죄가 세상에 들어오기 이전이었기 때문에, 이 기사에는 하나님께서 본래 의도하셨던 선하신 뜻이 고스란히 담겨 있습니다. 우리는 이를 하나님께서 만물을 만드시고 기뻐하셨다는 사실을 통해 알 수 있습니다. 성경은 창조된 세계가 하나님 보시기에 좋았다고 말합니다.

여기서 우리가 알 수 있는 중요한 사실은, 하나님께서 만물을 창조하신 목적입니다. 하나님은 자신의 기쁨을 위해 만물을 창조하셨습니다. 이것이 만물의 존재 목적입니다. 만물의 존재 목적은 하나님을 기쁘게 하는 것입니다. 그렇다면 피조 세계가 하나님을 기쁘게 할 수 있었던 핵심 요인은 무엇일까요? 바로 하나님이 뜻하신 대로 된 것입니다. 하나님의 뜻은 창조된 세계 속에서 어떻게 성취되었을까요? 이를 알기 위해 우리는 이성적 피조물과 비이성적 피조물을 향한 뜻을 구분해야 합니다. 먼저 비이성적 피조물은 하나님이 정하신 법칙대로 움직이면 됩니다. 사물들은 자연의 법칙에 따라 움직이고, 동물들은 본성에 따라 움직이면 됩니다. 그렇다면 스스로 생각하고 판단하는 이성적 피조물은 어떨까요? 사람은 하나님의 법에 따라 행동해야 했습니다. 하나님의 법은 그분의 속성과 뜻에서 나오기에, 사람이 하나님을 기쁘게 하기 위해서는 그분의 속성과 뜻에 대한 지식이 있어야 했습니다.

만약 하나님께서 인간에게 이 지식을 주지 않으셨다면, 인간은 하나님을 기쁘게 할 수 없었을 것입니다. 유한한 인간은 무한하신 하나님의 뜻을 스스로 찾을 수 없습니다. 그러니 하나님께서 자신에 대한 지식을 알려주지 않는다는 것은, 곧 창조하신 인류가 하나님의 뜻을 따르기를 기대하지 않았다는 의미가 될 것입니다. 그러나 하나님은 인간에게 자기 뜻을 알려주셨습니다. 인간이 하나님의 뜻을 따르기 원하셨기 때문입니다.

그렇다면 하나님은 인간을 향한 자신의 뜻을 어떻게 알려주셨을까요? 성경은 하나님께서 하나님의 형상(*Imago Dei*)을 따라 인간을 만드셨다고 합니다. 하나님의 형상의 핵심 요소 중 하나는, 하나님의 속성과 뜻에 대한 지식입니다. 하나님은 창조 시 사람의 마음에 자신의 속성과 뜻에 대한 지식을 새겨 놓으셨고, 그들에게 이를 인식하고 아는 능력을 주셨습니다 (엡 4:24, 골 3:10).

그렇다면 하나님의 뜻은 무엇일까요? 우리는 이것을 하나님의 법이라고 말합니다. 왜냐하면 피조 세계를 향한 하나님의 뜻은, 우주의 왕이라는 하나님의 지위로 인하여 존재하는 법이기 때문입니다. 이는 하나님의 권위 때문에, 그리고 하나님과 인간 사이의 지위 차이 때문에 존재하는 법입니다. 언젠가 중등부 학생들을 데리고 강원도 화천으로 여름 수련회를 간 적이 있습니다. 그 지역에는 군부대가 많습니다. 그때 수련회 프로그램 중 하나가 길거리 전도였습니다. 나중에 모여 결산을 하는데, 한 여학생 그룹에서 제시한 전도 목록을 보니 군인이 많았습니다. 자세히 보니 일반 병사들이 아니라 장군들까지 포함되어 있었습니다. 군에서 제대한지 얼마 되지 않았던 저는 깜짝 놀라 자초지종을 물어보았습니다. 알고 보니 이 여학생들은 전도할 사람들을 길가에서 만나기 어려워 지나가는 차를 세워서 전도하기로 했고, 마침 군용 지프차가 지나가서 세웠는데, 거기에 원 스타, 투 스타의 장군들이 타고 있었던 것입니다. 일반 병사들은 쳐다볼 수도 없는 높은 장군이지만, 군인이 아닌 여학생들에게 투 스타의 사단장은 아무것도 아니었습니다. 그냥 동네 아저씨와 다를 바 없었습니다. 그다지 멋있지도 않고 촌스럽고 무거운 별을 주렁주렁 달고 다니는 특이한 아저씨에 불과했습니다. 하지만 군대에서 사단장의 별은 대단한 권위를 상징합니다. 병사의 모자에 그려진 까만 막대기 하나는 그의 낮은 신분을 나타냅니다. 그러니 막대기 하나가 별 두 개 앞에 서면, 자동적으로 그 사이에는 법이 생겨납니다. 옷을 입는 순간 사단장에게 부여된 권위와, 막대기 한 개에게 부여된 권위의 차이에 따라, 이 둘 사이에는 법이 존재하게 됩니다. 경례를 받고, 명령에 복종을 받는 것입니다. 이 법은 그들이 입은 옷에 새겨져 있습니다. 사단장

의 옷은 그런 권위를 붙여줍니다. 군대라는 영역에 들어오게
되면, 이러한 법이 자연스럽게 작동합니다.

마찬가지로 만물이 "존재"라는 세상에 들어오게 되면 생겨
나는 법이 있습니다. 이 "존재"라는 세상에서 하나님은 절대 권
위를 갖고 계시는데, 이 하나님의 권위는 본질상 원래 존재하
는 것입니다. 그분은 아무 옷을 입지 않아도 본질상 하나님이
십니다. 본질상 거룩하시고, 본질상 경배를 받으셔야만 하는
분입니다. 인간은 자연 만물 앞에 서면 그것들을 다스리는 사
단장 같은 존귀함을 갖지만, 하나님 앞에만 서면 이등병이 되
어버립니다. 본질상 무한하신 하나님과 본질상 유한한 인간
사이에는, 하나님의 본성에 따라 법이 생기게 되고 그 법은 지
켜져야 합니다. 간단히 말해, 하나님은 본질상 사랑이시므로
사람이 사랑하지 않으면 죄가 됩니다. 하나님은 본질상 공의
로우시므로 사람이 공의롭게 행동하지 않으면 죄가 됩니다.
하나님은 본질상 거룩하시므로 인간이 거룩하지 않으면 죄가
됩니다. 그래서 하나님은 선악과를 통해 아담과 언약을 맺으
신 것입니다. 하나님은 마음대로 언약을 맺으실 권한이 있고,
아담은 그것에 동의해야만 합니다. 그것이 각자의 존재론적
지위에 걸맞은 행위이기 때문입니다. 그런데 하나님은 자기
형상을 인간에게 주셔서, 인간이 자신의 마음에 새겨진 하나
님의 법을 알 수 있도록 하셨습니다. 그러므로 인간은 자신에

게 새겨진 하나님의 뜻에 순종하며 살면 됩니다. 그러면 하나님이 보시기에 심히 좋을 것입니다. 하나님이 기뻐하실 것입니다. 이것이 하나님께서 아담을 지으신 목적이며, 아담이 하나님께 드려야 할 예배입니다. 인류 최초의 예배는 인간이 창조되자마자 행했던 순종의 삶 그 자체였습니다. 타락하기 전까지 했던 모든 행동, 곧 그의 삶 자체가 예배였습니다. 이렇게 타락 전까지 하나님은 아담의 모든 행위를 기뻐하셨습니다.

이처럼 예배란 하나님을 기쁘시게 하는 것입니다. 예배는 인간의 삶 자체였기에, 인간은 하나님 앞에서 필연적으로 예배해야 합니다. 이것이 인간의 존재 이유와 목적입니다. 그 방법은 하나님께서 정하신 법칙에 따라 사는 것입니다. 결코 어떤 특별한 날에만 행하는 것이 아닙니다. 예배는 하나님 앞에 있는 모든 존재의 의무이자, 삶이며, 본성의 요구입니다. 몰랐다고 핑계 댄다고 해서 면제될 수 있는 것이 아닙니다. 그래서 불신자는 하나님의 심판을 받을 수밖에 없습니다. 그들 안에 하나님의 형상이 파괴되어 하나님의 법을 알 수 없으니, 지키는 것은 더욱 요원합니다. 하나님의 법을 따라 하나님을 기쁘게 해 드리는 삶의 예배를 드리지 않기 때문에, 그들은 형벌을 피할 수 없게 됩니다. 모르는 것은 면제의 이유가 될 수 없습니다. 마치 대한민국 법을 모른다고 살인이 무죄가 되지 않는 것과 같습니다. 그는 알아야 했습니다. 마찬가지로 하나님의 법을 모른다고 그의 죄가 면제되지 않습니다. 그는 알아야 했습니다. 그의 양심은 그에게 끊임없이 말해 왔습니다. 잘못 가고 있다고, 하나님을 알아야 한다고 말입니다. 그 양심의 소리를 무시한 것은 바로 그 자신입니다. 결국 불신자들은 자신의 존재의 이유를 망각하여 가장 중요한 목적인 예배를 하지 않게 됩니다. 이처럼 예배는 우리의 영원한 운명을 가를 만큼 중요한 것입니다.

하나님을 기쁘게 하는 방법: 순종

무생물과 짐승들은 하나님이 주신 자연의 법칙과 본성에 따라 하나님을 예배합니다. 그들은 하나님의 통제를 따라 살아가며 본성적으로 예배합니다. 하늘의 해와 별들은 그 정해진 법칙대로 움직이며 하나님을 예배합니다. 감나무는 감을 맺어 사람들과 짐승들이 먹을 수 있게 하여 하나님을 예배합니다. 들의 풀은 동물들이 먹을 수 있도록 자신을 내어줌으로 하나님을 예배합니다. 동물들은 본성대로 살아감으로 하나님을 예배합니다. 창세기 1장 30절에 보면 하나님은 최초에 모든 짐승들에게 풀을 먹거리로 주셨습니다. 만약 이때 사자가 양을 잡아먹으면 하나님을 예배하지 않는 것입니다. 그러므로 타락이 있기 전에 사자는 양을 먹지 않았을 것입니다. 그것이 당시에 사자가 하나님을 예배하는 방식이었습니다. 이처럼 최초의 피조 세계는 하나님을 예배했습니다. 무생물은 자연의 법칙대로 살고, 이성이 없는 생물은 본성대로 살며, 이성이 있는 사람과 천사는 하나님의 뜻에 따라 살았습니다. 그렇게 하나님께서 주신 본성과 능력에 맞게 살았습니다. 이것이 하나님께서 기뻐하셨던 예배입니다.

그렇다면 이성적 피조물인 아담은 구체적으로 어떻게 예배했을까요? 26절과 28절에 아담을 향한 하나님의 뜻이 있습니다. 마음에 새기신 율법 외에도 하나님은 직접 아담에게 명령을 내리셨습니다. 다스리라는 명령 말입니다. 생육하고 번성하여 땅을 다스리라는 명령을 주셨습니다. 여기서는 번성과 다스림이 일치합니다. 왜냐하면 수많은 동물과 식물을 다스리기 위해서는 많은 자손이 필요했기 때문입니다. 그래서 아담은 자식을 많이 낳아야 했습니다. 거룩하고 죄 없는 백성들은 숫자가 늘어나는 대로 하나님의 말씀에 순종하며 말씀을 따라 세상을 다스릴 수 있었을 것입니다. 그렇다면 아담은 다스리라는 명령을 지킴으로 하나님을 예배했을까요? 감사하게도 그렇게 예배했습니다. 창세기 2장 19-20절에 보면, 아담이 짐승들에게 이름을 지어주는 장면이 나옵니다. 짐승들은 아담에게 순종했고, 아담은 그들을 다스렸습니다. 이렇게 아담은 하나님을 예배했습니다. 하나님의 명령대로 하나님의 통치를 대신하며 살았습니다. 비록 짧은 시간에 불과했지만 말입니다.

바로 이것이 예배입니다. 하나님께서 의도하셨던 대로 세상이 돌아가는 것입니다. 그렇게 온 세상은 예배했고 하나님은 그것을 보고 기뻐하셨습니다. 하나님을 기쁘시게 하는 예배의 절정은 인간을 통해 이뤄졌습니다. 다른 피조물과는 달리 인간은 자유로운 의지를 사용하여 하나님을 예배할 수 있었습니다. 다른 피조물이 하나님의 뜻을 따를 때 기뻐하셨던 하나님은 인간이 자기 마음에 새겨진 하나님의 명령과 법에 순종할 때 "심히" 기뻐하셨습니다. 그런 면에서 하나님은 인간을 특별하게 창조하셨고 특별하게 바라보셨습니다. 하나님을 "심히" 기쁘게 할 수 있는 특권을 가진 존재가 바로 인간이기 때문입니다. 이처럼 예배의 본질은 우리의 삶 전체가 하나님께서 명하신 그대로 되는 것입니다.

나눔을 위한 질문

1 성경의 가장 처음 부분을 통해서 알 수 있는 참된 예배의 본질은 무엇입니까?

2 하나님을 기쁘게 하는 참된 예배를 위해서 신자들이 반드시 알아야 하는 것은 무엇입니까?

3 태초의 피조세계는 하나님을 어떻게 예배했습니까?

4 우리의 몸을 거룩한 산 제사로 드린다는 말의 의미는 무엇입니까?

5 하나님께 순종하는 삶 자체가 예배라면 여러분 각자는 어떻게 하나님을 예배할 수 있을까요?

2장

최악의 반역: 예배 거부 사건
(창세기 3:6, 21)

2. 최악의 반역: 예배 거부 사건

[6]여자가 그 나무를 본즉 먹음직도 하고 보암직도 하고 지혜롭게 할
만큼 탐스럽기도 한 나무인지라 여자가 그 열매를 따먹고 자기와
함께 있는 남편에게도 주매 그도 먹은지라

(창세기 3:6)

[21]여호와 하나님이 아담과 그의 아내를 위하여 가죽옷을 지어
입히시니라

(창세기 3:21)

우리는 유사 이래 경험하지 못한 일을 겪고 있습니다. 코로나 바이러스의 창궐로 전 세계가 신음하고 있습니다. 많은 나라에서 교회에 모임을 중단할 것을 권고했고, 어떤 나라는 강제로 예배를 금지시키기도 했습니다. 이에 대해 교회 안에서는 다양한 반응이 있었습니다. 많은 성도들과 목회자들이, 모여서 드리는 예배 의식을 중단하는 문제로 인해 고민을 거듭했습니다. 어떤 이들은 이렇게 주장했습니다. '과연 교회가 예배 의식을 중단할 수 있는가? 목숨을 걸고서라도 모이는 예배를 강행해야 하는 것은 아닌가? 예배하다가 바이러스에 감염되어 죽으면 그게 바로 순교 아닌가?' 반면에 '그래서는 안 된다. 우리가 죽는 것은 괜찮지만, 다른 사람들에게 전염시키면 사회에 너무나 큰 해를 끼치는 것이니 모이지 말아야 한다. 그런 행위는 이웃 사랑을 명하신 그리스도의 계명에 반대된다.' 등 다양한 의견이 있었습니다. 그런데 문제는 양쪽 모두 예배가 무엇인지 잘 모르거나, 예배에 대해 잘못된 개념을 가지고 있는 경우가 많다는 것이었습니다. 과연 예배가 무엇이기에, 목숨을 걸고서라도 모여 예배해야 한다고 생각할까요? 반대로 예배가 무엇이기에 사정에 따라 예배를 취소하거나 예배에 빠질 수도 있다고 여길까요?

예배의 대상이 바뀜: 하나님에서 사탄으로

앞 장에서 우리는 하나님께서 뜻하신 "그대로 되니라"는 모습 자체가 예배라고 정의했습니다. 왜냐하면 창조 시에 하나님께서 자신의 뜻대로 되는 것을 보고 기뻐하셨기 때문입니다. 그런데 문제가 생깁니다. 바로 인간이 예배하기를 거부해 버린 것입니다. 피조물인 인간이 창조주인 하나님의 뜻에 최초로 반역하는 사건이 벌어진 것입니다. 외적인 반역은 선악과를 먹지 말라는 하나님의 뜻을 어긴 것인데, 실질적인 반역은 그 전에 일어났습니다. 모든 짐승을 다스리라는 명령을 받은 인간이 뱀의 말에 속아 뱀의 다스림을 받게 될 때부터, 이미 예배는 중단되었습니다. 뱀을 다스리라는 명령을 실행하지 않은 것입니다. 곧 '그대로 되니라'가 인간의 다스림에서 중단된 것입니다. 한번 시작된 반역은 멈출 수 없었고 급속하게 확산되었습니다. 이제 인간은 하나님이 아닌 자신의 뜻을 따르는 삶, 곧 자신을 예배하는 삶을 살기 시작했습니다. 그것이 가시적으로 드러난 사건이 하나님이 먹지 말라 명하신 금단의 열매를 따먹은 일입니다.

인간이 자신을 예배한다는 것은 단순히 하나님을 예배하지 않는다는 뜻이 아닙니다. 이는 본질적으로 사탄을 예배하는 것입니다. 인간이 자신의 뜻을 따른다는 것은 사탄의 뜻을 따르는 것입니다. 아담은 자신의 뜻을 따라 선악과를 먹었지만, 이는 사실 사탄의 뜻을 따른 것이기도 합니다. 사탄의 뜻이란 무엇입니까? 우리는 종종 사탄의 뜻을 오해하곤 합니다. 사람들이 뿔 달린 모자를 쓰고, 사탄의 신상을 만든 후에 모여 그를 숭배하는 사탄교를 만드는 것이라고 말입니다. 그러나 이는 완전히 잘못 짚은 것입니다. 이런 생각이야말로 오히려 사탄의 속임수입니다. 사탄은 꼭 그런 것을 원하는 존재가 아닙니다. 사탄의 지상 목표는 하나님의 뜻이 이루어지지 않는 것입니다. 따라서 하나님의 뜻을 따르지 않는 모든 것이야말로 사탄의 뜻을 따르는 것입니다. 사탄이 보기에 심히 좋은 것은 하나님이 보시기에 심히 나쁜 것입니다. 많은 사람들이 여기에 속곤 합니다. 하나님의 뜻을 명시적으로 거역하지만 않으면 선하다고 생각합니다. 명시적으로 거역하지는 않았으니 최소한 나쁜 것은 아니라고 여기며, 자기 뜻을 따르는 일을 정당화합니다. 내가 사탄을 예배하는 행위를 하지는 않았으니, 내 뜻대로 하는 것을 하나님이 굳이 기뻐하지 않으실 이유가 없다면서 말입니다. 이렇게 인간은 하나님의 뜻을 떠나 자기 뜻을 행하면서, 사탄을 예배하는 것이 아니니 괜찮다고 생각합니다. 이것이 사탄의 속임수입니다.

그 순간부터 인간은 삶의 예배를 드릴 수 없게 되었습니다. 아니 예배는 하되, 자신을 예배하고 사탄을 예배하게 되었습니다. 한번 죄를 범한 후 인간의 무결함은 깨어졌고, 이후로 인간은 걷잡을 수 없는 죄악의 소용돌이 속으로 빠져들어 갔습니다. 인간은 점점 예배에서 멀어졌고, 더 비참해져 갔습니다. 하나님을 예배하도록 창조된 인간은 이제 하나님을 모욕하는 존재가 되어 버렸습니다.

아담 이후에, 하나님을 향한 삶의 예배를 중단하고 사탄을 예배하게 된 것은 죄 때문이지만, 더 직접적인 이유는 죄의 결과로 나타난 하나님에 대한 무지입니다. 타락 이전 아담에게는 하나님에 대한 참된 지식이 있었지만, 타락 후 그 지식은 상실되었습니다. 자신을 예배하고 사탄을 예배하면서, 인간에게는 하나님에 대한 지식, 감각, 의지가 사라졌습니다. 하나님을 모르고, 하나님에 대한 아무런 느낌도 없고, 하나님을 위해 무언가를 해야 할 의욕도 없는 상태가 되어 버린 것입니다. 하나님에 대해 무관심해진 것입니다. 더 정확히 말하자면, 자기 사랑에서 비롯된 하나님에 대한 적대감이 가득 찬 상태가 되었습니다. 이것이 자신과 사탄을 예배하는 인간의 특징입니다. 그러니 하나님의 뜻에 순종하는 삶의 예배를 드릴 수 없게 된 것입니다. 이제 모든 인간은 삶이 곧 예배였던 타락 전 아담의 순결한 상태를 상실하고, 삶이 곧 반역인 상태에서 삶을 시작하게 되었습니다. 이 얼마나 애통하고 처량한 모습인가요!

예배가 중단된 인간의 비참한 운명

이런 현상은 아담이 죄를 저지른 즉시 시작됐지만, 아담과 하와에게는 이전에 무죄한 상태일 때 가지고 있었던 하나님에 대한 지식이 조금이나마 남아 있었을 것입니다. 타락했지만 지식 자체가 다 사라져버린 것은 아니었을 테니 말입니다. 문제는 그 자녀들이었습니다. 가인과 아벨은 하나님에 대한 타고난 지식과 감정이 없는, 곧 자기를 예배하는 존재로 태어났습니다. 그리고 모든 인류는 이와 같이 태어나게 되었습니다. 그렇다면 이들의 운명은 어떻게 되는 걸까요?

하나님을 예배하지 않는 모든 인간의 결말은 뻔합니다. 적어도 하나님을 예배하도록 인간을 지으신 하나님께는 더 이상 존재의 이유가 없는 것과 다름없습니다. 인간은 다른 피조물과 달리 이성과 자유의지가 있는 존재로서 자신과 사탄을 예배하여 하나님을 모욕했으므로 그에 상응하는 형벌을 받아야 했습니다. 그것이 하나님의 공의이며, 공의의 시행이야말로 하나님께서 자기 영광을 드러내시는 방편이기 때문입니다. 하나님의 뜻을 적극적으로 이뤄가야 할 인간은 그 존재 의미가 사라졌고, 결국 하나님의 뜻을 수동적 또는 부정적으로(negatively) 이뤄가는 존재가 되었습니다. 하나님의 심판의 대상이 되어, 죄를 미워하시는 그분의 공의가 얼마나 추상같은

지 보여주는 대상이 되고 말았습니다. 이처럼 심판을 받아 하나님의 공의를 보여주는 존재로 하나님의 영광을 드러내는 수단이 된 것이 타락한 인간이 하나님을 예배하는 유일한 방법이었습니다.

타락한 인간은 이렇게 비참한 상황에 놓이게 됐습니다. 가인과 아벨만이 아니라 그 모든 자손이 이와 같은 처량한 운명을 갖고 태어나게 되었습니다. 그러나 하나님은 이들 가운데 어떤 사람들에게 진정한 예배의 길을 열어주셨습니다. 하나님의 정죄와 형벌을 영원히 당하지 않도록 새로운 예배의 길을 열어주신 것입니다. 이것이 바로 구원입니다. 이보다 더 복되고 은혜로운 소식이 있을까요? 이것이 복음이 아니면 무엇이 복음일까요? 그렇다면 인간의 예배를 회복시켜주신 하나님의 방법은 무엇이었습니까?

예배 회복을 위한 새로운 길 : 제사

창세기 4장을 보면, 아담과 하와 사이에 가인과 아벨이 태어납니다. 그리고 3절부터 곧바로 가인과 아벨이 하나님께 제물을 드리는 이야기가 등장합니다. 성경의 가장 첫 부분에 제사 이야기가 나오는 것입니다. 그것도 타락 직후에 아담의 자손이 한 첫 번째 행동으로 제사가 등장한다는 것은 매우 의미심장합니다. 그렇다면 이 제사는 무엇입니까?

제사의 본질을 알기 전에 먼저 물어야 할 것이 있습니다. 도대체 이들은 어떻게 하나님께 제사를 드릴 생각을 했을까요? 본능적으로 느꼈던 것일까요? 물론 자기 연약함을 깨달은 인간은 어떤 초자연적 존재에게 자신의 안녕을 위해 아부할 수 있습니다. 그러나 자연적 생식법으로 탄생한 최초의 인류가 어떻게 짐승을 잡아 제사를 드릴 생각을 했을까요? 짐승을 잡아 신을 섬기는 본능이 내재되어 있었다고 생각하는 것은 쉽지 않습니다. 그보다는 부모에게 배웠다고 생각하는 것이 더 타당해 보입니다. 두 아들이 동시에 제사를 하는 모습을 볼 때, 그들은 제사에 대해 부모에게 배운 것이 있었을 것입니다.

그렇다면, 아담과 하와는 제사를 드려야 한다는 사실을 어떻게 알게 되었냐는 의문이 자연스럽게 생깁니다. 그 대답은 창세기 3장 21절을 통해 추론해 볼 수 있습니다. 범죄하여 자신의 수치를 느끼고 있던 아담과 하와를 위해 하나님은 가죽옷을 입히셨습니다. 이 가죽은 아담과 하와가 서로를 향해 느꼈던 수치는 물론이고, 하나님과의 관계에서 느낀 수치를 가려주었을 것입니다. 수치라는 감정은 타락하기 전에는 없었다가, 죄를 범한 후부터 생겨난 것입니다. 수치는 매우 기분 나쁜 감정으로, 사람을 스스로 죽게 만드는 대표적인 감정이

기도 합니다. 이는 인간이 감당해야 할 숙명이 얼마나 비참할
지를 알려주는 것입니다.

제사의 기능

인간의 범죄는 무엇보다 하나님 앞에 수치스러운 것이었습니
다. 아담과 하와가 이전 같이 하나님과 교제할 수 없었기에,
하나님은 인간이 서로를 통해 수치를 경험함으로 하나님과 자
신들의 비참한 관계를 간접적으로 경험하고 상기하도록 하셨
는지도 모릅니다. 그래서 인간은 옷을 입어야만 했습니다. 아
담과 하와는 나뭇잎으로 수치를 가렸습니다. 그러나 이 나뭇
잎은 수치를 일시적으로만 가릴 뿐 영원히 가릴 수는 없었습
니다. 그래서 하나님은 친히 가죽으로 옷을 지어 주셨습니다.
　그런데 이것은 단지 아담과 하와의 부끄러움을 면하기 위
함이 아니라, 하나님 자신을 위한 것이기도 했습니다. 죄인을
차마 보실 수 없는 하나님은 수치가 가려진 모습으로 그들을
보기 원하셨습니다(합 1:13). 이를 위해서는 짐승의 죽음으로
수치가 가려져야 했습니다. 하나님은 인간을 위해 짐승을 찢
으심으로써 제사의 원형을 보여주셨습니다. 바로 그것이 이
후에 인간이 드리는 제사의 모형이 되었습니다.

이제 타락 이전의 예배와는 다른 종류의 예배가 시작되었습니다. 타락 전에는 아담과 하나님 사이에 누구도 필요하지 않았습니다. 그저 자기 마음에 새겨진 법대로 살아가면 됐습니다. 그러나 타락 이후 드리게 된 예배에는 짐승이 필요했습니다. 그 짐승이 인간의 수치를 가려주었고, 하나님께서 그 짐승을 주심으로 우리를 따뜻한 눈으로 바라보셨습니다. 우리의 부끄러움을 가리는 그 짐승의 죽음을 통해 하나님과 인간은 서로를 바라보게 되었습니다. 짐승의 죽음을 보아야 하나님을 알고 교제할 수 있게 됐습니다. 물론 여기서 짐승은 그 자체로 의미를 갖는 것은 아닙니다. 제사를 위해 죽는 짐승은 그리스도를 가리키기에 의미 있는 것입니다. 이제 사람은 그리스도의 죽음을 보고 경험해야 하나님께 제사할 수 있게 되었습니다. 하나님도 그리스도의 피를 통해 우리의 수치를 가리심으로 우리를 기쁘게 보시게 되었습니다.

결국 제사를 통해 인간은 복음을 보게 됩니다. 그 복음의 중심에는 중보자이신 예수 그리스도가 계십니다. 하나님은 제사를 통해 아담과 하와가 그리스도를 알기를 원하셨습니다. 그리스도를 알 때 그 복음의 내용이 되시는 하나님을 바르게 알 수 있기 때문입니다. 이제 그들은 제사에 나타난 복음으로 말미암아 하나님을 알아가게 되었습니다. 그분을 경배하게 되었습니다. 그리고 죄 없이 하나님의 뜻 안에 살던 처음 시절을 그리워하게 되었습니다.

　나아가 거듭난 죄인들은 제사를 통해서만 하나님을 예배할 수 있게 된 현실을 슬퍼하며, 삶과 예배가 분리되지 않았던 시절을 그리워하게 되었습니다. 그들은 제사를 드리며 다시 삶과 예배가 일치되기를 소망하게 됩니다. 하나님의 백성들은 제사를 통해 자신을 바르게 알고, 하나님을 소망하며, 삶이 예배가 되기를 소망합니다.

　제사 밖에서 만나는 하나님은 알아갈수록 두려운 하나님으로 보이게 됩니다. 하나님을 볼 때, 생명나무에 접근하지 못하도록 막으시고 에덴에서 쫓아내신 분으로만 보기 때문입니다. 그러나 제사를 통해 신자들은 그것이 하나님의 본뜻이 아님을 알게 됩니다. 하나님은 또 다른 영생의 길, 곧 진정한 영생의 길을 제사를 통해 보이셨기 때문입니다. 기가 막힌 아이러니 아닙니까? 창세기 3장 마지막에서 하나님은 생명나무를 통해 영생을 얻지 못하도록 아담과 하와를 에덴에서 쫓아내셨습니다. 그런데 그 하나님께서 4장이 시작되자마자 제사 제도를 통해 진정한 생명의 길을 알리십니다. 진정한 영생의 길은 단지 생명나무의 열매를 먹는 것이 아니었음을 말해주는 것입니다.

　선악을 알게 하는 나무와 함께 있었던 생명나무는 인간의 행위로 영생을 얻는 것을 상징합니다. 자신이 선한 일을 하고,

하나님의 뜻에 스스로 순종해 영생을 얻는 것입니다. 그러나 이 방법은 폐지되었습니다. 하나님은 사람이 생명나무에 소망을 둔 채 멸망하는 것을 볼 수 없었습니다. 자기 행위와 능력으로, 자신이 세운 바벨탑으로 하나님께 도달하려는 시도의 끝은 무너져 흩어지는 것 뿐입니다. 그래서 하나님은 그들을 생명나무에서 멀어지게 하셨습니다. 그리고 제사를 통해 진정한 영생의 길, 예배 회복을 위한 참된 길인 복음을 알려주셨습니다.

그런데 오늘날 우리의 모습은 어떤가요? 여전히 행위 언약을 상징하는 생명나무를 그리워하며 그 열매를 따먹기 위해 자기 힘으로 손을 뻗고 있지는 않습니까? 내가 노력하여 공을 쌓아 참된 행복에 도달하려 하지 않습니까? 그러나 참된 예배 회복, 곧 참된 행복의 길은 제사, 정확히 말해 그 제사가 가리키는 복음이신 그리스도께 있습니다.

제사에서 예배로

죄인은 제사를 통해 예배 회복을 위한 참된 길을 발견합니다. 자기에게 참된 생명의 길이 주어져 있다는 사실을 알게 됩니다. 그리고 그것을 허락하시는 하나님을 신뢰하고 사랑하게 됩니다. 이것이 믿음입니다. 제사 밖에서 만나는 하나님은 두려워서 그분을 예배하는 삶을 상상할 수 없습니다. 하지만 제사를 통해 만나는 하나님은 은혜롭고 사랑이 충만하시기에, 그분을 예배하는 삶을 꿈꾸게 됩니다. 우리는 제사 안에서 영생의 길을 발견하고 영생을 주시는 아버지를 만납니다.

하지만 짐승 제사 그 자체가 죄 사함의 능력을 가진 것은 아닙니다. 이 제사가 주 예수 그리스도께서 자기 몸으로 드리신 제사를 가리킬 때, 그 본래의 기능과 효력이 살아나는 것입니다.

이제 우리는 더 이상 "오실" 그리스도를 기다리며 제사하지 않습니다. 우리는 이미 "오신" 그리스도를 바라보며 예배합니다. 골고다에서 드린 제사는 과거의 일이 되었습니다. 이제 우리는 그 완전한 제사를 상기해야 합니다. 그렇다면 지금 우리에게 그리스도를 상기시켜주는 것이 무엇일까요? 바로 예배입니다. 구약 시대에는 제사를 통해 오실 메시아를 바라보았다면, 이제는 예배를 통해 오신 메시아를 회상하고 다시 오실 메시아를 바라보게 된 것입니다. 그러니 예배의 핵심은 복음입니다. 이제 죄인은 복음을 통해 하나님을 알고 맛보고 사랑하며 믿게 됩니다. 우리의 삶이 예배가 되기를 갈망하도록 하나님께서 베푸신 은혜의 수단이 바로 예배입니다.

하나님의 뜻을 따라 살아가는 우리의 삶 그 자체가 예배이지만, 아담의 범죄로 이 예배는 중단되었습니다. 그럼에도 하나님은 자기 백성을 살려 그 예배를 드릴 수 있도록 장치를 허락하셨습니다. 그것이 바로 제사입니다. 제사를 통해 그리스도를 바라볼 때 모든 수치가 제거되고, 하나님의 뜻을 따르고자 하는 힘과 의지가 생기기 때문입니다. 그 제사의 정신은 오늘날 예배로 계승되었습니다.

로마서 12장 1절에서 바울은 참된 예배와 제사의 관계를 잘 보여줍니다. "그러므로 형제들아 내가 지금까지 설명했던 하나님의 그 놀라운 자비하심을 다시 한번 너희에게 상기시키며 간절히 권면하노니 너희의 몸을 하나님이 기뻐하시는 산 제물로 드리라. 이것이 너희가 이 모든 하나님의 은혜에 대하여 마땅히 드릴 영적 예배이니라."

삶으로 드리는 예배를 회복하기 위한 수단

그렇다면 교회가 모여 드리는 예배는 무엇입니까? 그 본질적 정신은 구약의 제사와 크게 다르지 않습니다. 그리스도의 복음을 보고, 그 안에서 하나님의 은혜로우신 성품을 발견하며, 그분이 나를 사랑하신다는 사실을 알고, 내 삶이 예배가 되기를 소망하도록, 주님께서 우리에게 명하신 것이 바로 의식으로 주어진 예배입니다. 이 예배에서 우리는 우리의 수치를 가리신 그리스도를 보고, 우리를 사랑하시는 아버지를 경험합니다. 오직 그리스도 안에서 하나님을 두렴 없이 바라보고, 하나님도 사랑스러운 눈으로 우리를 바라보십니다. 모여서 예배하는 시간에 우리는 자신이 복음을 믿는 하나님의 자녀임을 확인하게 됩니다. 이 예배를 통해 우리는 예배와 삶이 분리된 우리의 상태가 비정상적이라는 경고음을 듣게 됩니다. 또한 삶의 예배가 무엇인지 그 원리를 배우고, 예배다운 삶을 살고자 하는 강력한 동기를 부여받아, 이를 훈련하고 연습하게 됩니다.

오늘날 우리의 삶과 예배가 많이 분리되어 있습니다. 예배는 하나의 의식일 뿐, 우리의 삶에 별다른 영향을 끼치지 못하는 경우를 쉽게 볼 수 있습니다. 그저 정기적으로 치러내야 하는 의식으로 전락한 것입니다. 예배가 어떤 기능을 하는지, 왜 모여서 예배하며 거기서 궁극적으로 얻어야 하는 것이 무엇인지 잘 모르는 경우도 많습니다. 결국 내 감각을 기쁘고 즐겁게 해주는 것으로 만족하고 그런 예배를 찾게 됩니다. 그저 내 기분이 좋고 즐거우면 은혜 받았다고 생각하며 그 예배가 좋았다고 합니다. 그 예배가 좋은지 아닌지는 받으시는 분이 판단해야 합니다. 그런데 우리는 스스로 예배를 판단하곤 합니다. 이것이 오늘날 예배에 대한 우리의 생각이 얼마나 왜곡

되어 있는지 보여주는 증거입니다.

이처럼 많은 사람들이 하나님을 향한 예배와 단절된 채 살아가고 있습니다. 그들이 진정으로 예배하고 있지 못한 증거는 바로 그 속에 있는 수치심입니다. 부끄러운 마음입니다. 수치심은 모든 부정적인 감정의 뿌리입니다. 사람들은 이 감정을 가리기 위해 모든 수단과 방법을 다 사용합니다. 세상의 안락과 쾌락, 죽음 이후에 심판이 없다는 거짓, 자신의 선행, 착한 심성 등으로 그 감정을 가리려 합니다. 사실 이것들은 우리의 첫 조상이 사용했던 나뭇잎에 불과합니다. 우리의 수치를 영원히 가려주지 못하고 그저 일시적으로 양심을 마비시킬 뿐입니다. 우리의 수치는 하나님과의 관계에서 비롯된 것입니다. 따라서 이 수치를 가릴 방법은 가죽옷 밖에 없습니다. 예수 그리스도 밖에 없습니다. 우리는 오직 그리스도 안에서 하나님께 나아갈 수 있고, 그분을 예배할 수 있으며, 영생의 소망을 가질 수 있습니다.

당신은 삶을 예배로 여기고 있습니까? 당신은 복음을 예배의 중심에 두고 있습니까? 당신은 예배를 통해 우리의 수치를 가리신 하나님의 은혜를 발견하십니까? 그 예배를 통해 당신의 삶이 참된 예배가 되기를 갈망합니까? 그렇지 않다면 예배를 그저 한번 치러내고 마는 의식으로 여기고 있는 것일지도 모릅니다. 예배를 의식으로 치러내야 한다고 생각하는 사람은 변화를 기대할 수 없습니다. 오히려 사람을 즐겁게 하는 방식으로 예배를 변화시키고 말 것입니다. 사람들은 점점 자기를 만족시켜 달라고 요구하며, 목회자는 점점 대중의 취향을 살피고 그들이 원하는 것을 채워주려 할 것입니다. 결국 예배는 엔터테인먼트가 되고 말 것입니다. 과연 그런 예배를 통해 삶의 예배로 나아갈 수 있을까요? 자기 부인은 없고 자기 살림(vivification of self)만 남은 예배를 통해, 하나님의 말씀에 순종하는 삶의 예배로 나아갈 수 있을까요?

우리는 자신에게 이렇게 물어야 합니다. '본래 나는 죄와 무지로 인해 하나님께 삶의 예배를 드릴 수 없었던 사람이었음을 알고 있는가? 예배를 통해 우리의 수치를 가려주시는 주 예수 그리스도를 나는 발견하고 있는가? 내가 드리는 예배는 과연 삶에서 점점 자기를 부인하고 하나님의 뜻을 찾게 하는가? 나는 점점 더 예배하는 사람으로 변화되고 있는가?' 이 물음을 통해 우리는 진정으로 예배해왔는지 자신을 돌아볼 수 있을 것입니다.

나눔을 위한 질문

1 참된 삶의 예배가 중단되도록 한 사건은 무엇입니까?

2 하나님을 예배하지 않는 것이 사탄을 예배하는 것이라고 할 수 있는 이유는 무엇입니까?

3 예배를 멈춘 인간의 운명은 어떻게 되었습니까?

4 참된 삶의 예배가 회복되기 위해 하나님께서 주신 방편인 제사와 의식으로서의 예배가 궁극적으로 가리키는 것은 무엇입니까?

5 여러분은 삶의 예배가 회복되고 있습니까? 그 이유는 무엇입니까?

3장

우리의 예배:
원리, 연습, 에너지원
(로마서 12:1)

3. 우리의 예배: 원리, 연습, 에너지원

[1]그러므로 형제들아 내가 하나님의 모든 자비하심으로 너희를 권하노니 너희 몸을 하나님이 기뻐하시는 거룩한 산 제물로 드리라 이는 너희가 드릴 영적 예배니라

(로마서 12:1)

자연 만물도 하나님의 뜻에 순종할 때 예배하게 되고, 인간과 천사도 하나님의 뜻에 순종함으로 예배하게 됩니다. 처음 창조된 우주 만물은 다 하나님을 예배했습니다. 그러나 죄로 인해 이 예배는 단절되었습니다. 더 이상 삶으로 예배할 수 없게 되었습니다. 우리의 존재와 삶 자체가 예배였지만, 이제는 그럴 수 없게 되었습니다. 그때 하나님은 참된 예배를 회복시키기 위한 프로젝트를 시작하셨습니다. 그것이 바로 구속사(redemptive history)입니다. 구원은 단지 몇몇 사람을 지옥에 보내지 않고 살려주심으로 하나님이 얼마나 인심 좋으신 분인지 뽐내기 위한 사역이 아닙니다. 단 한 인간의 구원이라도, 깨어진 우주의 질서, 곧 참된 예배를 회복시키기 위한 하나님의 역사이며, 우주 만물을 본래의 자리로 돌려놓기 위한 전우주적인 하나님의 역사입니다.

이 예배 회복 프로젝트는 하나님이 아담에게 가죽옷을 지어 입히신 사건에서 시작됩니다. 아담과 하와는 짐승의 희생적 죽음을 통해 자신들의 수치가 가려지는 것을 경험하였고, 그것을 모방하여 제사를 드리게 되었습니다. 그들은 자녀들에게 제사를 가르쳐 주었을 것입니다. 죄로 인한 인간의 수치를 가리는 방편으로서의 제사를 가르친 것입니다. 이 제사는 하나님이 사람에게 허락하신 예배의 형태가 되었으니, 곧 참된 삶의 예배를 위한 하나님의 방편으로 주어졌습니다.

참된 삶의 예배를 회복하는 일은 결코 간단하지 않습니다. 이 회복을 위해서는 먼저 그리스도의 성육신과 죽음이 필요했습니다. 하나님의 아들이 인간이 되어 죽으심으로 모든 율법을 완성하셔야 했습니다. 나아가 그분의 공로가 우리에게 전달되어야 했고, 우리 안에 있는 죄의 영향력을 극복해야 했습니다. 문제는 죄의 영향력이 너무나 크다는 것입니다. 그래서 우리는 죄를 실질적으로 이겨나가는 일을 평생 감당하게 됩니다. 이를 위해 주님은 우리에게 새로운 본성을 넣어주셔서, 죽을 때까지 죄와 싸우는 영적 전투를 벌이게 됩니다. 이것이 예배 회복을 위한 주님의 프로젝트입니다.

로마서 12장 1절 말씀은 이 사실을 분명하게 알려줍니다. 우리가 드릴 영적 예배, 곧 참되고 합당한 예배가 무엇인지 알려줍니다. 바로 우리의 몸을 하나님이 기뻐하시는 산 제물로 드리는 것입니다. 사실 하나님께서 명한 제사에는 산 제물이 없습니다. 제사 때는 다 짐승을 죽입니다. 그런데 본문은 산 제물을 드리라고 합니다. 그러니 우리가 구약의 제사를 드려야 한다는 뜻은 아닐 것입니다.

그렇다면 무엇입니까? 바로 삶의 예배를 의미합니다. 우리 몸이 살아있어야 하는 것입니다. 그런데도 죽음을 의미하는 제물이라는 말을 사용한 것은, 살아 있으나 죽은 상태로 지내라는 것입니다. 무엇이 살고, 무엇이 죽는 것일까요? 새 자아가 살고 옛 자아가 죽는 것입니다. 영이 살고 육신이 죽는 것입니다. 하나님의 의가 살고 내 의가 죽는 것입니다. 곧 자기를 부인하는 것입니다. 제사를 드릴 때 제물은 철저하게 분해됩니다. 살을 발라내고, 뼈를 해체하고, 지방을 분리해내고, 피를 다 쏟아버립니다. 심지어 불에 태워버리니 제물의 형상은 남지 않습니다. 본래 그 짐승의 것이라고는 남는 것이 없습니다. 참된 예배도 마찬가지입니다. 우리는 여전히 살아가지만 악한 옛 자아가 사라지는 것입니다. 오직 하나님의 뜻에 순종하는 새 자아만 남는 것입니다. 내가 죽고 그리스도께서 사시는 것입니다. 이것이 산 제물로 예배하는, 그리스도인의 합당한 예배(Christian's Reasonable Service)입니다.

그러니 얼마나 어렵습니까? 우리의 삶이 참된 예배가 되는 과정은 분명 어려운 일입니다. 우리의 힘만으로는 불가능합니다. 그래서 하나님은 우리에게 그 방편을 예비하셨습니다. 그것이 바로 우리가 일반적으로 예배라 부르는 의식(ceremony)으로 드리는 예배입니다. 우리는 이 예배에서 우리의 자아가 해체되는 경험을 해야 합니다. 우리의 옛 살과 뼈가 분리되고 불에 타야 합니다. 그리고 거듭난 새 자아가 탄생하고 성장해야 합니다. 우리가 매주일 예배에서 이를 경험할 때, 우리의 삶은 점점 산 제물로 변해 갑니다.

그러므로 이 의식적 예배는 다음 세 가지 역할을 합니다.

교회의 이름으로 모여서 드리는 예배는 삶으로 드리는 예배의 교과서요, 실습장이며, 에너지 공급처입니다. 매주 예배할 때 우리는 이 사실을 분명히 인식하고 예배해야 합니다.

삶의 예배를 위한 원리 제공

첫째, 모여서 드리는 예배는 참된 삶의 예배를 위한 원리를 제공합니다. 타락한 이후 인간이 잃어버린 거룩한 지식에는 하나님을 예배하는 방법도 포함되어 있습니다. 이 말은 사람이 가진 모든 지식을 동원하고 활용해도 하나님을 진정으로 기쁘게 할 수 없다는 뜻입니다.

저는 여자 형제 없이 남동생과 함께 자랐습니다. 성인이 되어서도 연애에 별로 관심이 없었기 때문에 제 아내를 제외하고는 연애를 해 본 적이 없었습니다. 그러다 보니 여성의 마음에 대해 잘 모릅니다. 연애를 할 때도, 결혼 후에도 참 어려운 것이 여자의 마음이었습니다. 저는 잘 해 주기 위해 노력한 것인데, 아내가 서운해 하거나 부담스러워 하는 경우가 있었습니다. 너무 들이대도 안 되고 너무 무관심해도 안 되는 것이 연애였습니다. 아는 것이 중요합니다. 알아야 면장을 합니다. 내가 진심을 다한다고 해서 상대방이 다 기뻐하는 것은 아닙니다. 상대방이 무엇을 기뻐하는지 알아야 합니다.

하나님을 기쁘시게 하는 일도 마찬가지입니다. 타락한 인간은 그 방법을 도저히 알지 못합니다. 사람이 스스로 하나님을 예배할 수 없는 이유는 두 가지입니다. 첫째는 하나님을 알고 싶어 하는 욕구가 없다는 것이고, 둘째는 욕구가 있어도 하나님을 알 수 있는 능력이 없다는 것입니다. 죄인에게는 마귀의 DNA가 들어 있기 때문입니다. 그래서 하나님은 예배 회복 프로젝트를 실행하실 때, 구원할 백성들의 본성을 가장 먼저 바꾸십니다. 하나님의 거룩한 DNA를 넣어서 본성을 바꾸고, 이를 통해 하나님을 알고 싶어 하는 욕구와 알 수 있는 능력을 주십니다. 또한 교회와 말씀과 성령을 통해 하나님에 대한 지식을 알려주십니다. 그러니 이제 우리는 그 지식을 알아가야 합니다.

본문은 이 지식이 어디에 있는지 알려줍니다. 먼저 "너희 몸을 거룩한 산 제물로 드리라"고 말합니다. 산 제물은 죽었으나 살아있는 것이며, 곧 죄에 대해 죽고 의에 대해 사는 자기 부인의 삶을 뜻합니다. 바울은 이를 "내가 그리스도와 함께 십자가에 못 박혔나니 그런즉 이제는 내가 사는 것이 아니요 오직 내 안에 그리스도께서 사시는 것이라(갈 2:20)"고 표현했습니다. 여기서 바울은 "그대로 되니라"의 삶의 예배와 제사 제도를 연결시켰습니다. 제사에는 삶의 예배에 대한 원리가 숨어 있습니다. 타락한 이후 삶의 예배란 이 제사를 삶으로 연장하고 확장

하는 것입니다. 그러므로 진정한 삶의 예배를 드리기 위해서는 반드시 제사가 무엇인지 알아야 합니다. 하지만 더 이상 제사는 없고 이 제사의 정신을 계승한 예배가 있습니다. 신자들은 의식적인 예배를 통해 삶의 예배의 원리를 배워야 합니다.

그렇다면 어떻게 살아야 우리 인생이 참된 예배가 될 수 있을까요? 그 기준과 원리는 무엇일까요? 물론 성경에 나오지만 그 내용이 방대하기 때문에, 그 내용을 압축해놓은 모델이 우리에게 필요합니다. 그 모델이 바로 우리가 모여 드리는 예배입니다. 예배 중에 하는 모든 활동은 삶의 예배까지 나아가 이뤄져야 합니다. 찬송, 기도, 헌금, 설교듣기, 축도 등 이 모든 것들은 우리가 살아가면서 해야 할 것들을 가리킵니다.

이와 같은 이유로, 예배는 내가 드리고 싶은 대로 드려서는 안 됩니다. 내가 하고 싶고, 성도들이 즐거워하는 것을 임의로 순서에 넣을 수 없는 것입니다. 예배는 성도들이 당장 누리는 즐거움을 위해 존재하는 것이 아니기 때문입니다. 예배는 성도들에게 참된 삶의 원리를 보여주어 그것을 경험케 하기 위해 존재합니다. 성도가 영원히 누릴 즐거움을 위해 존재하는 것입니다. 성도들이 당장 즐거워하는 것에 예배의 초점을 맞추게 되면, 그렇게 예배하는 대로 살게 됩니다. 자기가 좋아하는 방식으로 예배를 드리면 자기가 좋아하는 방식대로 살게 됩니다. 하나님의 뜻이 아니라 자기 즐거움에 따라 살게 됩니다. 예배에 자기 부인이 없는데 삶에서 자기 부인이 가능하겠습니까? 그래서 소금이 맛을 잃듯 교회가 맛을 잃는 것입니다. 모여 드리는 예배의 원리가 잘못되면 일상생활도 잘못될 수밖에 없기 때문입니다. 나를 기쁘게 하는 예배의 주인은 결국 내가 되며, 나를 예배하는 것이 되어버리고 맙니다.

삶의 예배를 위한 훈련장

둘째, 모여서 드리는 예배는 흩어져 드리는 삶의 예배를 위한 연습장입니다. 원리를 아는 것과 그것을 실천하는 것은 전혀 다른 것입니다. 안다고 반드시 할 수 있는 것은 아니니까요. 운전면허를 따기 위해 먼저는 책으로 공부합니다. 어떻게 해야 하는지 머리로 알게 되지요. 하지만 막상 운전대를 잡으면 생각처럼 움직이지 않습니다. 그래서 실습을 해야 합니다. 원리가 우리의 몸에 배도록 해야 합니다.

우리의 몸에는 잘못된 습관이 배어 있습니다. 그 습관을 빼내야 합니다. 그래야 머리가 명령하는 대로 움직일 수 있습니다. 자녀들을 양육할 때도 마찬가지입니다. 부모가 아무리 좋은 말을 많이 하고 윤리 교육을 시켜도 말만으로는 안 됩니다. 부모가 본을 보이는 것이 가장 중요합니다. 아이들이 부모를 통해 삶의 방식을 눈으로 보고 배울 수 있어야 합니다. 그리고 그 아이가 그대로 할 수 있도록 훈계해야 합니다. 이런 과정과 연습이 필요한 것입니다.

보통 독수리는 생후 5개월이면 날 수 있습니다. 독수리는 새끼를 낳으면 어미가 날갯짓을 하며, 어떻게 나는지 보여줍니다. 그리고는 새끼 독수리를 둥지에서 떨어뜨립니다. 새끼는 힘을 다해 날갯짓을 하지만, 아래로 점점 떨어집니다. 땅에 닿기 직전에 어미는 새끼를 구출해서 더 높은 곳으로 데리고 갑니다. 이렇게 반복해서 훈련하면 5개월 만에 날게 됩니다. 그런데 언젠가 방송에서 5개월이 아니라 1년이 지나서야 날게 된 독수리를 본 적이 있습니다. 그 이유는 어미 독수리가 날개를 다쳤기 때문이었습니다. 훈련을 시켜 줄 어미가 다쳐서 사람들이 대신 시켜줬기 때문입니다. 보여주지도 못하고 떨어뜨리지도 못해서, 그만큼 늦어졌던 것입니다.

예배도 마찬가지입니다. 모여 드리는 예배 시간에 우리는 삶의 예배의 원리를 봅니다. 그리고 이 시간에 그것을 연습합니다. 그래야 나쁜 습관을 이길 힘을 얻고, 좋은 습관을 가질 수 있기 때문입니다. 영적인 근육도 생기며, 점차 우리 삶을 예배로 드려가게 됩니다. 실습할 때 제대로 안 하면 실전에서 실패합니다. 이것이 예배입니다. 그러므로 모여서 드리는 예배는 영적 생존을 결정짓는 생사를 건 훈련장입니다.

삶의 예배를 위한 충전소

셋째, 모여서 드리는 예배는 흩어져 드리는 참된 예배를 위한 에너지원입니다. 오늘날 우리는 너무나 복잡하고 피곤한 시대를 살고 있습니다. 사실 인생이라는 것이 원래 이렇게 고단하고 피곤합니다. 그러다 보니 사람들은 위로와 재미를 찾습니다. 지친 심신을 달래줄 곳을 끝없이 찾아다닙니다. 자전거나 등산 동호회를 찾기도 하고, 취향이 맞는 사람들끼리 함께 취미 생활을 하기도 합니다. 그리고 많은 사람들이 교회를 찾습니다. 마치 동호회와 친목 모임을 찾듯이 말입니다. 그리고 예배를 마치 동호회의 정기 모임처럼 여깁니다.

오늘날 많은 사람들은 예배를 그저 정기적으로 치러내야 하는 하나의 의식이라고 생각하는 경향이 있습니다. 그런데 이왕이면 나를 즐겁게 해 주는 의식이면 더 좋겠다고 생각합니다. 그런 것을 제공하는 교회로 사람들은 몰리게 됩니다. 물론 재미가 없어도 버티다 가면 된다고 여깁니다. 예배에 오기는 했으니 재미는 없어도 하나님의 복은 기대할 수 있다면서 말입니다. 그런데 버티는 데도 한계가 있는 법입니다. 결국에는 더 재미있는 곳으로 가거나, 아니면 더 이상 예배에 참석하지 않게 됩니다.

그런데 놀랍게도 예배를 좋아하는 사람들도 있습니다. 예배가 재미있고 감동적이기 때문입니다. 목사님의 설교가 재미있고 감동적이면 사람들이 모입니다. 사람들은 모여서 드리는 예배를 통해 삶의 에너지를 얻고자 합니다. 지치고 피곤한 삶을 위로하는 메시지를 듣고, 재미와 감동을 통해 새로운 힘을 공급받는 장소가 되기를 기대합니다. 물론 교회에서도 그런 위로와 힘을 얻을 수 있으면 좋습니다. 그러나 이 세상과 육신에 속한 것들에서 비롯되는 위로와 힘이라면 세상의 동호회와 다를 것이 없습니다.

이런 목적으로 예배를 찾는 이들의 삶은 변하지 않습니다. 더 활력 있고 건전한 시민이 되는 것에는 도움이 될지 모르지만, 더 거룩한 성도는 될 수 없습니다. 왜냐하면 결국 자신을 예배하는 법을 배우고 실습하기 때문입니다. 예배를 내 감각을 즐겁게 하고 정신적인 안정을 취하는 방편으로 여기는 것입니다. 하나님의 마음이 어떠하신지에는 별로 관심을 두지 않습니다. 하나님을 기쁘시게 하는 것보다 나를 즐겁게 하는 것을 예배의 목적으로 삼기 때문에, 결국 하나님이 아닌 자기 자신을 예배합니다. 자기를 위해서는 간절하게 기도하지만, 하나님 나라를 위해서는 기도해야 하는 이유도 잘 모릅니다. 이런 사람은 죄와 싸우며 하나님 나라를 소망하며 원수를 위해 기도하는 사람이 될 수 없습니다. 그런 것이 주는 기쁨이 무엇인지 모르기 때문입니다. 이것이 육신적인 예배, 곧 자신을 예배하는 사람들의 특징입니다.

오늘날 교회가 불신자들에게 비난과 불신을 받는 가장 큰 이유가 무엇입니까? 기독교인들이 세상의 기준조차 충족시키지 못하는 일이 비일비재하기 때문이 아닙니까? 왜 이런 현상이 발생할까요? 저는 많은 사람들이 예배를 통해 제물이 되는 연습을 하지 않기 때문이라고 생각합니다. 자기 부인이 없는 예배만 드리는 것입니다. 예배의 기쁨을 하나님이 아니라 자신을 기쁘게 하는 것에서 찾기 때문입니다. 예배 시간을 버티는 사람도, 예배에서 감동을 경험하는 사람도 다 예배를 육신적인 삶을 위한 것으로 보기 때문입니다.

모여서 드리는 예배는 흩어져서 드리는 예배를 위해 존재하건만, 예배가 삶의 예배를 만들어내는 데 기여하지 못한다면 그 예배는 단연코 아무런 가치도 없다고 말할 수 있습니다. 우리는 모여서 드리는 예배에서 자기 부인의 원리를 배우고, 연습하며, 거기에서 참된 감동을 경험해야 합니다. 오늘날 우리가 드리는 예배에는 과연 자기 부인이 있습니까? 혹 나를 살려주는 예배를 찾아 헤매고 있지는 않았습니까? 예배를 통해 나 자신이 해체되는 감동을 경험하고 있습니까? 당신이 예배를 통해 얻기 원하는 감동은 무엇입니까?

나눔을 위한 질문

1 로마서 12장 1절에 나오는 "산 제사"의 의미는 무엇입니까?

2 산 제사가 가리키는 우리가 드릴 합당한 예배는 무엇입니까?

3 삶으로 드리는 참된 예배가 있음에도 불구하고 우리가 모여서 의식으로서의 예배를 드리는 이유는 무엇입니까?

4 모여서 드리는 예배가 참된 삶의 예배를 위해 감당하는 세 가지 기능은 무엇입니까?

5 모여서 드리는 예배를 통해서 삶의 예배를 위한 에너지를 얻을 때 감동에 지나치게 의존하게 되면 범하게 되는 오류는 무엇일까요?

4장

깨어 복음에 집중하라
(레위기 10:1-7)

4. 깨어 복음에 집중하라

¹아론의 아들 나답과 아비후가 각기 향로를 가져다가 여호와께서 명령하시지 아니하신 다른 불을 담아 여호와 앞에 분향하였더니
²불이 여호와 앞에서 나와 그들을 삼키매 그들이 여호와 앞에서 죽은지라
³모세가 아론에게 이르되 이는 여호와의 말씀이라 이르시기를 나는 나를 가까이 하는 자 중에서 내 거룩함을 나타내겠고 온 백성 앞에서 내 영광을 나타내리라 하셨느니라 아론이 잠잠하니
⁴모세가 아론의 삼촌 웃시엘의 아들 미사엘과 엘사반을 불러 그들에게 이르되 나아와 너희 형제들을 성소 앞에서 진영 밖으로 메고 나가라 하매
⁵그들이 나와 모세가 말한 대로 그들을 옷 입은 채 진영 밖으로 메어 내니
⁶모세가 아론과 그의 아들 엘르아살과 이다말에게 이르되 너희는 머리를 풀거나 옷을 찢지 말라 그리하여 너희가 죽음을 면하고 여호와의 진노가 온 회중에게 미침을 면하게 하라 오직 너희 형제 이스라엘 온 족속은 여호와께서 치신 불로 말미암아 슬퍼할 것이니라
⁷여호와의 관유가 너희에게 있은즉 너희는 회막 문에 나가지 말라 그리하면 죽음을 면하리라 그들이 모세의 말대로 하니라

(레위기 10:1-7)

한국 교회가 위기를 맞이했습니다. 전도가 안 된다고 합니다. 사람들은 교회가 불신자들에게 모범이 되지 못하기 때문에 그렇다고 합니다. 불신자들에게 존경을 받을 만한 행동을 하지 않았거나, 그들에게 손가락질 받을 행동을 많이 했기 때문이라는 의미입니다. 정말 그럴까요? 코로나 바이러스가 처음 확산되기 시작할 때 교회가 사람들의 구설수에 많이 올랐습니다. 그때 많은 신자들이 염려했습니다. 그러다 인천의 두 교회가 방역을 잘했다고 사람들에게 칭찬을 받게 되었고, 신자들은 안도의 한숨을 내쉬었습니다. 그런데 이후 여러 교회와 기독교 관련 단체에서 확진자가 나오자, 이미지를 쇄신하기 어려울 정도로 사람들의 비난의 타깃이 되었습니다. 물론 교회가 성경의 원리에서 벗어나 잘못한 부분은 마땅히 반성하고 고쳐야 합니다. 변명의 여지가 없습니다. 하지만 이럴 때조차 하나님 앞에 서야 할 교회가 세상의 반응에 너무 일희일비하는 모습은 아니었는지 생각해보아야 합니다.

신자들은 오직 하나님의 판단을 의식하고 구해야 합니다. 물론 이 말이 자기 잘못을 비성경적으로 옹호하는 핑계가 되어서는 안 됩니다. 건전한 성경적 판단에 따라 하나님이 옳다 하시는 일을 해야 한다는 의미입니다. 이런 점에서 가장 중요한 문제는 예배입니다. 의식으로 드리는 예배가 우리의 즐거움을 위해 우리의 뜻대로 이뤄진다면, 하나님의 뜻을 따르는 삶을 살 수 없고, 결국에 하나님보다 사람들의 판단에 더 신경쓰며 전전긍긍하는 일이 일어나게 된다는 것입니다. 신자들은 우직하게 하나님의 판단을 구하며 나아가야 합니다. 하나님의 말씀의 원리를 따라 묵묵히 나가면 됩니다. 그런 교회가 많아질 때 교회는 진정으로 세상의 소금과 빛이 될 수 있습니다. 그것이 바로 진정한 거룩의 의미입니다. 그렇게 될 수 있는 출발선이 어디일까요? 바로 의식으로 드리는 예배입니다. 참되고 바른 예배를 드릴 때, 우리는 세상의 진정한 소금과 빛이 될 수 있습니다.

제사에 대한 오해

예배에 대해 오해하게 되는 여러 이유가 있습니다. 그 중 하나는 구약의 제사에 대한 오해입니다. 많은 사람들은 제사를 죄용서 받기 위한 하나의 간청이나 청원이라고 생각하는 경향이 있습니다. 그러니 당연히 예배도 하나님께 무언가를 얻기위한 수단으로 여기게 됩니다. 결국 하나님께 정성을 보여 내가 원하는 것을 얻어내는 것이 기독교 신앙이라고 생각하게됩니다. 그러나 제사는 그런 것이 아닙니다. 구약성경을 보면모든 사람이 아니라 하나님의 언약 백성인 이스라엘만이 제사를 드릴 수 있었습니다. 그들은 율법이라는 진리를 받았고 거기에 순종하기로 결단한 사람들이었습니다. 구약의 제사는 하나님과의 언약 관계 속에서 율법을 지키기로 다짐한 사람, 곧 하나님을 신뢰하는 사람들만이 배타적으로 드릴 수 있는 것이었습니다. 그래서 성경의 제사와 다른 민족의 제사는 그 의미가 다를 수밖에 없으며, 오늘날의 기독교 예배와 다른 종교의 의식이 본질적으로 다를 수밖에 없는 것입니다. 그렇다면 구약에 제시된 제사의 본질은 무엇일까요?

이미 받은 죄 사함에 대한 고백

본래 인간에게 제사는 필요 없었습니다. 삶이 예배였고 산 제사였습니다. 그래서 창세기 3장까지는 제사에 대한 이야기가 나오지 않습니다. 제사는 4장에서 처음 등장합니다. 아마도 가인과 아벨은 아담과 하와에게 제사를 배웠을 것이고, 아담과 하와는 범죄 후 가죽옷을 지어주신 하나님께 배웠을 것입니다. 결국 그 모든 제사의 원형은 하나님께서 친히 제사장이 되어 행하신 제사입니다. 그때 짐승이 죽어야 했고 그 짐승의 가죽으로 인간의 수치가 가려졌습니다. 이때 아담은 제사를 배웠을 것입니다. 여기서 우리는 하나님께서 최초의 제사를 가르쳐주신 시점을 주목할 필요가 있습니다. 하나님은 아담과 하와에게 다음과 같은 복음을 선포하셨습니다. "내가 너로 여자와 원수가 되게 하고 네 후손도 여자의 후손과 원수가 되게 하리니 여자의 후손은 네 머리를 상하게 할 것이요 너는 그의 발꿈치를 상하게 할 것이니라(창 3:15)" 하나님은 이 원시 복음을 선포하신 다음 짐승을 죽여 그들의 수치를 가려 주셨습니다. 그러므로 제사는 은혜 언약 곧 복음을 가리킵니다. 또한 하나님은 그리스도를 중보자로 세우신 은혜 언약을 보여주십니다. 제사는 누군가의 죽음을 통해 자신이 구원 받는다는 사실을 인정하는 행위입니다. 이 제사가 상징하는 언약, 곧 은혜 언약 안에 내가 있음을 인정하는 것입니다. 제사를 드리는 이들은 제사 속에서 복음과 언약을 발견했습니다.

그 이후로 사람들은 제사를 드리기 시작했습니다. 아벨과 가인은 땀 흘려 소산물을 거둔 후 제사를 드렸습니다. 왜 그랬을까요? 홍수 이후에 노아의 가족도 배 안에서 제사를 드리지 않고 배에서 내린 후에 제사를 드렸습니다. 아브라함도 제사를 드렸는데, 하나님이 지시한 땅으로 가라는 명령을 받고 갈대아 우르를 떠나 하란에 오래 거주하다가 아버지 데라가 죽고 난 다음 가나안으로 이주하여 도착한 후에 그곳에서 제사를 드립니다. 왜 성경은 아브라함이 고향을 떠날 때라든지, 하란에 거주할 때 제사했다는 말을 하지 않습니까? 왜 하나님이

지시한 목적지에 도착하고 난 다음 제사를 드렸을까요? 그 후에도 아브라함은 조카 롯과 거주할 땅을 나누게 되는데, 롯은 소돔과 고모라 지역을 택하고, 아브라함은 헤브론으로 가 그곳에서 제단을 쌓습니다. 왜 그랬을까요? 그곳이 하나님이 약속한 지역이었기 때문입니다. 하나님의 약속이 성취되고 난 다음, 즉 하나님이 약속하신 곳에 최종적으로 인도해주신 후에 제사를 드린 것입니다. 롯이 선택한 지역은 이스라엘의 영토에 속하지 않습니다. 그러나 아브라함이 선택한 헤브론은 이스라엘 영토의 중심에 해당합니다. 이 모든 것의 공통점이 무엇입니까? 생명입니다. 하나님의 약속이 성취되어 그들에게 생명이 주어졌을 때 그들은 제사를 드렸습니다. 결국 제사는 하나님의 구원에 대한 고백이자 감사였습니다.

용서에 대한 증표

그런데 제사에 대해 물어야 할 것이 또 있습니다. 그러면 왜 짐승을 죽여 제사했을까요? 다른 제물로 구원에 대해 감사하면 안 되었던 것일까요? 아벨은 양으로 제사를 드렸고, 가인은 곡물로 제사를 드렸습니다. 물론 하나님이 가인의 제사를 받지 않으신 것이 그가 짐승으로 드리지 않았기 때문인지는 학자들 사이에서도 의견이 분분합니다. 그러나 성경은 기본적으로 제사를 드릴 때 짐승을 죽여 드리는 것으로 설명합니다. 특수한 상황을 제외하고는 이것이 원칙입니다.

아벨과 가인 이후에도 아담의 자손들은 계속해서 짐승을 죽이는 제사를 드렸습니다. 홍수 이후에 노아가 드린 제사도 짐승을 죽여 드리는 번제였습니다. 왜 노아는 제사를 드렸을까요? 살려주심에 감사해서 제사를 드렸다면 왜 그 귀한 짐승을 죽여 제사를 드렸을까요? 하나님이 짐승의 피를 좋아하시거나 짐승이 죽는 것을 즐기기라도 하시는 걸까요? 그렇지 않습니다.

이런 방식의 제사는 그들이 어떻게 생명과 약속을 누리게 되었는지를 설명하고 고백하는 것입니다. 우리가 어떻게 이 은혜의 언약 안에 들어오게 되었는지를 보여주는 것입니다. 여기서 우리는 제물과 제사장에 집중해야 합니다. 구원의 핵심이 여기에 있기 때문입니다. 먼저 제물이 죽는 것을 보며 구원이 내 힘과 능력으로 되는 것이 아님을 확인합니다. 내가 죄를 지었는데 내가 해결하지 못하고 짐승이 대신 죽는 것입니다. 그로 인해 하나님과 함께 할 수 없었던 죄인이 구원 받아 하나님과 동행하게 됩니다.

이미 죽은 짐승으로 하나님께 제사를 드린다는 것은 이 믿음이 있다는 뜻입니다. 제사를 통해 죄를 사해달라는 것이 아니라 이미 사하셨음을 확인하는 것입니다. 은혜 언약 안에 넣어달라는 것이 아니라, 그 언약 안에 있다는 사실을 고백하고 확증하는 것입니다. 제사는 제물을 뇌물처럼 드려 하나님께 청탁하는 것이 아닙니다. 그러므로 이 제사에서는 제물에 주목해야 합니다. '왜 제물이 죽어야 하는가?' 이것이 핵심입니다.

제사장의 역할

이런 제사 제도가 변화를 겪게 됩니다. 하나님이 이스라엘 백성들을 애굽에서 구원해 내셨을 때입니다. 이때는 이미 하나님께서 이스라엘을 자기 백성으로 삼아 구원 역사를 펼쳐나가셨던 시기인데, 이때 제사를 명령하십니다. 여기서 제사 제도는 분화되고, 제사의 의미가 더 구체화되어 갑니다. 하지만 가장 결정적으로 달라진 것은 바로 제사장의 존재입니다. 그전에는 자기가 직접 제사를 드렸지만, 이때부터는 제사장이라는 직분을 세우셨습니다. 내가 죄를 지었지만 그 제사장을 통해 제사를 드리게 하신 것입니다.

하나님은 죄 용서에 대한 내용을 더 구체화시키셨습니다. 이전에는 짐승의 죽음은 단순히 죄로 인한 나의 죽음을 상징

했습니다. 그러나 하나님은 여기에 제사장을 첨가시키셨습니다. 단순히 짐승의 죽음으로 내 죄가 완전히 속해지는 것이 아니라, 한 가지가 더 필요한 것입니다. 바로 그 죄를 짊어지는 제사장입니다. 레위기 10장 17절을 보면, "이 속죄 제물은 지극히 거룩하거늘 너희가 어찌하여 거룩한 곳에서 먹지 아니하였느냐 이는 너희로 회중의 죄를 담당하여 그들을 위하여 여호와 앞에 속죄하게 하려고 너희에게 주신 것이라"고 합니다. 무슨 말입니까?

속죄제를 드릴 때는, 제물을 먹는 경우와 태우는 경우가 있습니다. 제사장 자신을 위한 속죄제를 드릴 때는 제물의 피를 성소로 가져와서 뿌리며, 제물을 먹지 않고 태웁니다. 그러나 평민이 속죄제를 드릴 때는 피를 마당의 제단에 뿌리며, 그 제물을 제사장이 먹습니다. 이는 백성들의 죄가 짐승에게 전가되고, 그 짐승을 먹음으로 제사장 역시 죄를 짊어진다는 의미입니다. 이것이 속죄제의 최종 마무리였습니다. 그래야 속죄가 완성되었습니다. 결국 제사장이 죄를 짊어지고 속죄제를 마무리합니다.

구약의 제사에서 중요한 것은 제물과 제사장입니다. 제물과 제사장은 예수 그리스도를 상징합니다. 그분이 제물이자 동시에 제사장으로서 자신을 십자가라는 제단에 바쳐 제사를 드리셨습니다. 그로 인하여 우리에게는 더 이상 다른 제물도 제사장도 필요 없어졌습니다. 우리가 직접 하나님께 나아가 제사를 드릴 수 있게 되었습니다. 그러므로 제사란 제물과 제사장을 통해 이미 언약 안에서 자신을 용서하시고 언약 백성 삼아 주신 하나님께 감사하며, 하나님의 백성으로 살 것을 다짐하는 것입니다. 그래서 하나님은 계명과 더불어 제사 제도를 주셨습니다. 아니, 제사 제도 자체가 계명의 일부입니다. 그대로 순종해야 하는 것입니다. 그러므로 구약의 이스라엘은 제사를 드리며 하나님의 계명에 순종하는 하나님의 백성임을 고백해야 했습니다.

예배란 무엇인가?

예배도 이와 같습니다. 하나님께서 우리에게 하신 일에 대한 신앙의 고백입니다. 하나님께 죄 사함을 구하는 시간이 아니라, 이미 용서 받은 것을 고백하고 상기하는 시간입니다. 이를 통해 우리의 정체성을 확인하고 마음에 하나님을 향한 순종과 사랑이 일어나게 됩니다. 왜 우리는 짐승을 가지고 예배에 나아가지 않습니까? 그리스도께서 친히 제물이 되시고, 친히 제사장이 되셔서, 우리의 모든 죄를 짊어지셨기 때문입니다. 구약의 제물과 제사장이 가리키는 것이 바로 예수님이었기 때문입니다. 구원 받은 구약 백성들도 단지 제물로 바쳐진 짐승과, 인간 제사장을 통해 자기 죄가 용서 받는다고 생각하지 않았습니다. 다만 제사를 드림으로 자신이 하나님과 언약을 맺은 언약 백성이라는 사실을 확신했고, 제물이 상징하는 구속자를 바라보며 믿음을 고백했습니다. 신약의 예배도 마찬가지로 그리스도를 봅니다. 내가 하나님의 백성이요, 죄 사함을 받았다는 사실을 고백합니다. 오직 제물이자 제사장이신 그리스도를 볼 때 우리는 참되게 예배할 수 있습니다.

예배의 핵심은 복음이다

본문에 의하면, 하나님이 아론을 대제사장으로 임명하시고, 그의 네 아들을 제사장으로 임명하셨습니다. 그 중 첫째 나답과 둘째 아비후가 첫 제사를 드립니다. 그런데 그들은 하나님께서 명하지 않으신 다른 불을 담아 분향합니다. 제사장들은 본디 제단의 불을 가지고 성소로 들어가 향단에 불을 붙여야 했습니다. 그러나 그들은 그렇게 하지 않았습니다. 그렇다면 어떤 불을 담아 분향했을까요? 성경은 그들이 각기 향로를 가졌다고 합니다. 이 말은 의미심장합니다. 만약 이들이 제단에서 불을 가지고 왔다면 굳이 이렇게 표현하지 않았을 것입니다. 그러나 이 표현은 그들이 어디선가 다른 곳에서 그 불을 가져왔다는 의미입니다. 그 결과 여호와 앞에서 불이 나와 그들을 삼켜버렸습니다.

레위기 6장 13절에는 제단 불을 꺼뜨리지 말라는 말씀이 있습니다. 그 불은 하나님에게서 나온 불이기 때문입니다(레 9:24). 여호와 앞에서 나온 불이 제단 위의 번제물과 기름을 살랐습니다. 그래서 하나님은 제단 불을 꺼뜨리지 말라고 하셨던 것입니다. 그런데 나답과 아비후는 다른 곳에서 불을 가져왔습니다.

그들은 왜 이렇게 행동했을까요? 9절을 보면, 이들이 포도주와 독주를 먹고 이런 짓을 했을 가능성도 배제할 수 없습니다. 그래서 하나님의 명령을 잊었거나 무시했을 수 있습니다. 불이 다 똑같다고 생각하며 자기들의 방식대로 불을 가져온 것입니다. 하나님의 명령을 잊어도 죄요, 무시했어도 죄입니다. 어떤 경우든 결국 여호와 앞에서 불이 나왔습니다. 처음 제단에 붙었던 불과 동일한 불이요, 그들이 무시했던 불입니다. 그 불이 그들을 살랐습니다. 그런데 이 불은 보통 불과 달랐습니다. 나답과 아비후가 그 불에 타 죽었는데 옷은 타지 않았던 것입니다. 5절에는 "그들이 나와 모세가 말한 대로 그들을 옷 입은 채 진영 밖으로 메어 내니"라고 기록되어 있습니다. 그들은 다 같은 불이라고 생각했겠지만, 그렇지 않았습니다. 하나님에게서 나온 불은 특별한 불이었습니다. 이는 모든 예배가 다 같은 예배가 아님을 보여줍니다.

여기서 놀라운 것은 모세의 반응입니다. 자기 조카들이 죽었으니 분명히 슬펐을 것입니다. 자기 형이 얼마나 애통해 했겠습니까? 그런데 모세는 형 아론에게 다가가 이렇게 말합니다. "나는 나를 가까이 하는 자 중에서 내 거룩함을 나타내겠고 온 백성 앞에서 내 영광을 나타내리라(레 10:3)" 이게 위로입니까? "형님, 조카들이 하나님의 거룩함을 더럽혔습니다. 그래서 하나님께서 그들을 죽이심으로 자신이 얼마나 거룩한지를 보이셨습니다. 이로 인해 지금 온 백성 앞에 하나님의 영광이 보이셨습니다." 모세는 그들이 마땅히 잘못을 저질렀고, 한술 더 떠 아론과 그의 다른 아들들에게 슬퍼하지 말라고 말합니다. 이런 몰인정한 동생이 어디 있습니까? 그러나 모세가 그렇게 말한 이유가 있습니다. 이들의 죽음을 슬퍼하는 것은, 그 일을 행하신 하나님의 공의를 부정하는 일이 될 수 있기 때문입니다. 정의로운 일이 일어났는데 하나님의 제사장들이 왜 슬퍼하느냐는 것입니다. 어쩌면 너무나 가혹하게 들릴 수 있습니다. 그러나 그들은 제사장이었습니다. 누구보다 하나님께 순종함으로 예배해야 하는 존재인데, 오히려 그들은 하나님을 멸시했습니다. 그래서 하나님의 공의가 나타난 것입니다. 놀라운 것은, 아론이 이에 대해 이의를 제기하지 않고 받아들였다는 것입니다. 하나님의 행하심이 마땅하며 공의로운 것이라고 인정했기 때문입니다. 이것이 예배에 대한 바른 태도입니다. 하나님이 하신 것은 모두 선하고 복된 것으로 여기는 태도, 이것이 예배입니다.

하나님은 제사장들을 통해 거룩함을 나타내십니다. 그들을 통해 혹은 그들의 범죄에 대한 처벌을 통해 거룩함을 나타내신다는 뜻입니다. 그런데 그들이 주로 종사하는 일이 제사였습니다. 그들은 그 일을 하며 순종으로 거룩함을 나타내야 했는데, 불순종했으니 하나님은 그들을 벌하심으로 거룩함을 나타내신 것입니다.

오늘 우리는 모두 다 제사장입니다. 이제 우리를 대신하는 인간 제사장은 더 이상 존재하지 않습니다. 우리가 제사장입니다. 그러므로 하나님은 우리를 통해, 우리의 예배를 통해 거룩함을 나타내실 것입니다. 먼저는 삶의 예배이고, 또한 모여서 드리는 예배를 통해서도 거룩함을 나타내실 것입니다. 하나님의 규정에 맞는 예배를 드림으로 하나님의 영광을 드러내든지, 하나님의 말씀에 불순종하여 벌을 받음으로 그분의 공의를 밝히 드러내어 영광을 돌리든지 할 것입니다. 이 두 가지 밖에 없습니다. 그런데 문제가 있습니다. 우리들 중에 하나님의 법을 완전히 따를 수 있는 사람이 없다는 것입니다. 그러므로 우리도 멸망할 수밖에 없는 존재입니다. 하나님은 죽음이라는 처벌을 통해 당신의 거룩함과 영광을 드러내실 것입니다. 이것이 우리가 처한 비참한 운명이었습니다.

이런 우리를 위해 하나님 편에서 한 가지 방법을 우리에게 허락하셨습니다. 바로 우리 예배의 초점을 그리스도께 맞추는 것입니다. 하나님은 그 예배를 통해 우리를 살리십니다.

다른 불: 그리스도에게서 나오지 않은 모든 것

나답과 아비후는 다른 불로 제사를 드렸습니다. 여호와에게서 나와 제단에 붙은 불이 아닌 다른 불이었습니다. 제단은 제물이 죽어가는 곳이고, 제사장은 제단이 있는 뜰에서 고기를 먹었습니다. 그런 의미에서 제단에서 제사를 드릴 때, 나답과 아비후는 그것이 상징하는 그리스도를 바라보아야 했습니다. 그러나 나답과 아비후의 관심은 다른 데 있었습니다. 술이 그들을 정신 못 차리게 했습니다. 그들은 스스로 가지고 온 불에 더 관심이 많았습니다. 하나님보다 자신들이 더 나은 불을 준비했다고 생각했는지도 모릅니다.

예배하는 우리의 관심은 오직 복음에 있어야 합니다. 제물이시며, 제사장이신 그리스도께 관심을 두어야 합니다. 그 제단이 상징하는 그리스도에게서 나온 불로 예배해야 합니다. 우리의 세상적인 열정이나, 다른 동기와 같은 불은 우리를 참된 예배로 인도하지 못합니다. 모여서 드리는 예배든, 삶의 예배든 마찬가지입니다. 우리를 예배의 자리로 이끄는 것도 그리스도요, 예배 중에 보아야 하는 것도 그리스도입니다. 그리스도에게서 나온 불이 우리의 마음을 뜨겁게 해야 합니다. 다른 곳에서 온 불로 뜨거워진 가슴은 예배에 어울리지 않습니다. 아니 불경스럽습니다. 그분의 은혜와 사랑이 우리의 마음을 데우고, 우리 몸을 불살라야 합니다. 그리스도가 아닌 다른 것이 우리를 예배의 자리로 이끌어서도 안 되고, 다른 것이 우리의 몸과 정열을 불태워서도 안 됩니다.

이와 같이 우리의 예배는 제사와 같습니다. 제사에서 제물과 제사장이 상징하는 것은 그리스도이며 그분의 복음입니다. 우리는 예배 가운데 그리스도를 바라보고, 그분의 약속을 즐거워하며, 그분과 함께 있기를 소망해야 합니다. 오직 그리스도를 통해 우리를 향한 하나님의 진노가 그쳤다는 사실을 기억하십시오. 그분 안에서 생명의 길이 열렸다는 사실을 기억하십시오. 그리스도를 통해 하나님께서 약속하신 모든 것이 우리의 것이 되었음을 기억하십시오. 그렇다면 우리도 아벨처럼, 노아처럼, 아브라함처럼 예배하게 될 것입니다.

우리로 순종하며 살게 하는 것이 그리스도입니까? 아니면 세상의 성공에 대한 열망입니까? 우리를 예배로 이끄는 이유가 그리스도입니까? 아니면 다른 이유가 있습니까? 당신은 예배할 때 복음에 관심을 두고 있습니까? 아니면 다른 불에 관심이 있습니까?

나눔을 위한 질문

1 구약의 제사가 다른 고대 민족들에게서 발견되는 제사와 다른 점은 무엇입니까?

2 제사가 구원을 간청하는 의식이 아니라 이미 얻은 구원에 대한 고백인 이유는 무엇입니까?

3 죄인이 제사의 핵심인 제물과 제사장의 역할에 주목할 때 제사를 통해서 발견해야 하는 것은 무엇입니까?

4 나답과 아비후가 죽었던 이유는 무엇입니까? 그것이 오늘날 예배를 드리는 우리들에게 주는 교훈은 무엇입니까?

5장

아들을 보내신 하나님께 예배하라
(요한복음 4:21-22)

5. 아들을 보내신 하나님께 예배하라

[21]예수께서 이르시되 여자여 내 말을 믿으라 이 산에서도 말고
예루살렘에서도 말고 너희가 아버지께 예배할 때가 이르리라
[22]너희는 알지 못하는 것을 예배하고 우리는 아는 것을 예배하노니
이는 구원이 유대인에게서 남이라

(요한복음 4:21-22)

예수님께서 제자들과 함께 사마리아 땅을 지나던 중 한 여인과 만나 대화를 나누게 되었습니다. 당시 예수님이 사람들에게 인기를 끄는 모습을 본 바리새인들은 예수님을 질투했습니다. 자신들이 받아야 할 존경을 예수님께 빼앗긴다고 생각했거나, 예수님이 자신들과는 다르게 가르치셨기 때문일 것입니다. 주님은 그들을 피해 갈릴리로 가려고 떠나셨습니다. 갈릴리로 가는 방법은 두 가지가 있었습니다. 하나는 사마리아를 통과해서 가는 길이고, 다른 하나는 멀리 돌아서 가는 길이었습니다. 유대인들은 사마리아인들을 멸시했기 때문에 통상 사마리아를 통과하기보다 차라리 먼 길로 돌아가기를 선호했습니다. 그런데 예수님은 왜 사마리아 땅을 통과해서 가셨을까요? 단순히 지름길이기 때문은 아니었습니다. 거기에는 목적이 있었습니다. 성경은 "사마리아를 통과하여야 하겠는지라(요 4:4)"고 기록합니다. 반드시 가야만 했다는 의미입니다. 바로 한 여인을 만나시기 위함이었습니다. 주님은 왜 그 여인을 꼭 만나려 하셨을까요?

여인을 만나기 위해 가신 예수님

예수님은 수가라 하는 동네에 들어가셨습니다. 거기에는 야

곱의 우물이 있었습니다. 예루살렘에서 출발하여 오랜 시간 걸어야 했기 때문에 주님과 그 일행은 많이 지쳐있었을 것입니다. 그때 주님께서 우물을 발견하시고는 그 옆에 앉으셨습니다. 제자들은 먹을 것을 구하러 갔기에, 주님은 잠시 홀로 앉아 계셨습니다. 그런데 한 여인이 물을 길으러 왔습니다. 주님은 그 여인에게 물을 달라고 부탁하셨습니다. 당시에 이는 이례적인 모습임에 분명합니다. 왜냐하면 유대인은 사마리아인과 말도 섞지 않고, 접촉하려고도 하지 않았기 때문입니다. 그런데도 예수님은 한 술 더 떠서 사마리아인에게 부탁을 하신 것입니다. 자존심 강한 유대인은 결코 그렇게 하지 않았을 것이지만, 오히려 주님은 심하게 말해 그녀에게 물을 구걸하신 것입니다. 아무리 힘들어도 사마리아인에게, 그것도 여인에게 구걸이라니! 통상적으로는 있을 수 없는 일이었습니다. 그렇다면 주님은 왜 그렇게 하셨을까요? 주님께는 분명한 목적이 있었습니다.

이를 알기 위해, 우선 유대인과 사마리아인의 관계에 대해 조금 더 알아볼 필요가 있습니다. 열왕기하 17장에는, 북이스라엘을 정복했던 앗수르의 왕이 사마리아에 있던 이스라엘 열 지파를 포로로 끌고 가는 이야기가 나옵니다. 앗수르 왕은 다른 이방인들을 이주시켜 사마리아에 정착하여 살게 합니다. 그들은 사마리아 땅에서 하나님이 아니라 자기 신들을 섬겼습니다. 이에 하나님께서는 사자를 보내어 그들을 괴롭게 하셨습니다. 그러자 이들은 그 땅의 신인 여호와를 섬기지 않아 벌어진 일이라 생각했고, 포로로 잡아갔던 사람들 중 제사장 하나를 데려다가 하나님을 섬기게 했습니다. 하지만 그들은 하나님을 섬기면서도, 자기들이 섬겨왔던 이방신들을 함께 섬겼습니다.

이런 혼합 종교는 사마리아 땅에 계속 존속하게 됩니다. 시간이 흘러 남유다가 바벨론 포로로 끌려갔다가 다시 가나안 땅으로 돌아왔을 때, 사마리아를 다스리던 총독 산발랏은 자기 딸을 유다 제사장의 동생과 결혼시켜서 그 가문과 동맹을 맺으려 했습니다. 그러나 유대인의 율법은 이를 엄격히 금하고 있었기에, 대제사장과 유대인들은 반발했고, 제사장의 동생을 예루살렘에서 쫓아냈습니다. 그러자 제사장의 동생은 장인이 있는 사마리아로 갔고, 그곳에서 대제사장의 일을 감당했습니다. 그리심 산에 제단을 만들고 그곳에서 제사를 드린 것입니다. 그러자 나중에는 유대인들 중 율법을 어기는 자들은 사마리아로 도망갔고, 사마리아는 그들을 받아주었습니다. 그 결과 유대인과 사마리아인 사이에 엄청난 갈등이 생기게 되었습니다. 유대인들은 다른 이방인들이 개종하는 것을 허락했지만, 사마리아 사람들이 유대교로 개종하는 것만은 허락하지 않았습니다. 단순히 혼혈이어서가 아니라 이런 신앙적인 이유로 인해 두 민족 사이에는 갈등이 심했고, 결국 서로 같이 먹고 마실 수도 없는 지경에 이르렀던 것입니다. 이러한 배경이 있었기에, 물을 달라고 하는 예수님에 대해 여인이 놀라지 않을 수 없었던 것입니다.

그러면 주님은 왜 이런 사마리아인에게 구걸하셨을까요? 대답은 간단합니다. 그 여인과 대화하고 싶었기 때문입니다. 그런 엄청난 금기를 깨시면서까지 주님은 그 여인과 어떤 대화를 하려 하셨을까요? 바로 복음에 대한 이야기입니다. 주님은 여인에게 복음을 전하고자 하셨습니다. 그것이 주님의 목적이요 선하신 뜻이었습니다. 어떤 유대인도 거들떠보지 않는 그 여인을 복음으로 인도하시기 위하여, 주님은 자존심이나 세간의 시선이나 관습에 매이지 않으셨습니다. 어떤 조롱을 받게 되더라도 신경 쓰지 않으셨습니다. 왜냐하면 주님은 그 여인을 사랑하셨기 때문입니다.

마찬가지로 당신이 하나님을 알게 된 것은, 전적으로 그리스도께서 찾아오신 결과입니다. 그리스도는 당신을 만나야만 하셨습니다. 그래서 머나먼 길, 사마리아 같이 저주 받은 이 땅으로 오셨습니다. 체면과 자존심을 버리고 당신에게 구걸하셨습니다. 그럼에도 당신은 예수님께 얼마나 모질게 굴었습니까? 그분의 구애를 어쩜 그렇게도 무시하고 외면했습니까? 주님이 당신의 영혼에 이런 저런 모양으로 오셔서 물을 달라고 하실 때, 당신은 얼마나 도도하게 대했습니까? 그렇게 주님은 당신에게 오셨습니다. 당신을 향해 먼 길을 찾아오셨습니다. 바로 당신을 구원하기 위해서, 복음을 알려주기 위해서 말입니다. 더 정확히 말하면, 주님은 창세전에 당신을 택하셨고 사랑하셨기에, 아버지께서 당신을 주님께 주셨기에, 황량한 사마리아로 오신 것입니다.

하지만 우리는 얼마나 많이 세상에 매여 있습니까? 주님은 우리를 사랑하셔서 치욕과 조롱을 견디고 그 먼 길을 오셨건만, 우리는 왜 하나님께 나아가지 못합니까? 하나님이라는 절대적인 지위마저 우리를 향한 사랑을 막지 못했고, 유대인의 관습과 사람의 시선도 그분의 사랑을 막지 못했는데, 우리는 왜 하나님께 온전한 예배를 드리지 못합니까? 그리스도께 나아가는 우리를 막는 것이 왜 이리도 많습니까? 주님은 다 포기하셨는데, 우리는 무엇을 붙잡느라 주님을 붙들 손이 남아 있지 않습니까? 내가 다른 것을 붙들고 있기 때문이 아닙니까? 자존심과 체면이 우리를 막고 있지 않습니까? 세상을 향한 사랑과 지독한 자기 사랑이 주님을 붙들어야 할 우리 손을 다 차지하고 있지 않습니까?

우리가 매여야 하는 것은 오직 하나님 말씀 밖에 없습니다. 하나님의 선하신 뜻을 위해서는 모든 전통과 관습, 나의 습관 등을 거스를 수 있어야 합니다. 우리 주님이 친히 본을 보이신 것처럼 말입니다. 한 여인을 구하시려는 주님의 사랑은 주님이 그 여인에게 구걸하시도록 했습니다. 하나님이 인간에게 구걸하신 것입니다. 물론 사회의 관습과 질서를 무시하라는 것이 아닙니다. 그러나 선한 목적을 위해 하나님의 뜻이라면, 그러한 관습과 질서를 거스를 수 있는 마음도 있어야 합니다. 이것이 신자의 태도입니다. 예배란 하나님께만 순종하는 것입니다. 나를 둘러싼 모든 것을 하나님의 뜻을 위해 기꺼이 해체할 수 있는 것, 그것이 바로 예배입니다.

장소가 아니라 대상

이 여인과 대화하고 싶으셨던 주님은 오랫동안 이야기를 이어가셨습니다. 대화가 진행될수록 그 여인은 예수님이 보통 사람이 아니라는 것을 느끼게 되었습니다. 예수님이 마치 선지자처럼 보였습니다. 이제 여인은 주님께 평소에 궁금했던 이야기를 질문합니다. 그 물음은 유대인과 사마리아인이 서로 옳다고 주장하는 '예배'에 대한 것이었습니다. 주님은 바로 이 대화를 원하셨습니다. 여인이 질문합니다. 사마리아인들은 그리심 산에서 예배해야 한다고 말하고, 유대인들은 예루살렘에서 예배해야 한다고 말하는데, 과연 어디에서 예배하는 것이 옳은가 하는 것이었습니다. 주님은 이 오래된 질문에 대답을 하십니다. 그리심 산이나 예루살렘이나, 장소에 제한받지 않는 참 예배를 드릴 때가 오고 있다고 말이지요. "너희는 모르는 것을 예배하고 우리는 아는 것을 예배한다." 문제의 핵심은 장소가 아니라 대상입니다. 누구를 예배하며 그 대상에게 어떻게 예배하느냐가 중요하다는 것입니다. 먼저 누구를 예배하는지 알아야 어떻게 예배해야 하는지 알게 됩니다.

예수님은 여인에게 "너희가 아버지께 예배할 때가 이르리라"고 말씀하십니다. 이 말은 의미심장합니다. 곧 그들이 지금껏 아버지께 예배하지 않았다는 뜻이니까요. 여기에 주님은 "너희는 알지 못하는 것을 예배한다"고 덧붙이셨습니다. 이는 두 가지로 해석될 수 있습니다. 하나는 사마리아인들이 하나님을 아버지로 여기지 않았다는 의미일 수 있고, 다른 하나는 아버지로 여겼으나 그 아버지를 잘못 인식하고 있었다는 뜻일 수도 있습니다. 둘 중 어느 쪽이든 그들은 하나님을 제대로 인식하지 못했습니다. 아버지를 아버지로 알지 못했거나, 아버지로 알되 이상한 아버지로 알았다는 것입니다. 그것을 주님은 "알지 못하는 것을 예배한다"는 말로 표현하셨던 것입니다. 이는 가볍게 생각할 문제가 아닙니다.

저는 일상생활에서 탄식할 때 가끔 "아버지"라고 말합니다. 어느 날 집에서 그렇게 하니까 당시 7살이었던 큰 딸이 갑 자기 저에게 물었습니다. "아빠, 왜 그렇게 자주 할아버지를 찾으세요?" 제가 "아버지"라고 하니까 우리 딸은 제가 할아버지를 찾는다고 생각한 것입니다. 같은 아버지라는 단어를 가지고 저는 하나님을 생각했고, 우리 딸은 할아버지를 생각했습니다. 같은 아버지이지만 서로 다른 분을 생각했던 것입니다.

같은 신, 다른 이름? 다른 신, 같은 이름?

현대인들에게 점점 더 인기를 얻는 사상이 종교다원주의입니다. 어느 종교나 결국은 같은 신을 믿는다는 생각입니다. 각 종교가 다른 것이 많지만 결국 한 신을 섬기는 것이며, 구원도 모든 종교에 다 있으니 종교 갖고 싸우지 말고, 서로의 종교를 구원의 종교로 인정해 주면서 사이좋게 살자는 것입니다. 신의 이름은 다르지만, 어느 종교든 다 착하게 살면 죽어서 잘 되게 해 주는 신을 섬기는 것이라는 뜻입니다. 이런 말은 듣기에는 좋습니다. 그러나 문제는 그것이 진리냐 하는 것입니다. 정말 모든 종교의 신이 같은 신일까요?

열왕기상 18장에는 이스라엘 북서부 갈멜산에서 벌어진 이야기가 나옵니다. 그곳에서 엘리야와 850명의 바알 및 아세라 선지자들은 두 개의 제단을 쌓고 각자의 신에게 부르짖어,

제단에 불을 내린 신을 참 신이라 인정하자고 대결했습니다. 이 둘은 모두 다 하늘을 향해 부르짖었습니다. 둘 다 자기 신을 향해 불을 내려달라고 했습니다. 그러나 바알과 아세라의 선지자들이 아무리 하늘을 보고 외쳐도 불은 내려오지 않았습니다. 그들의 신은 저 하늘에 없었기 때문입니다. 그러나 엘리야가 외쳤을 때 불이 내려왔습니다. 엘리야의 하나님은 하늘에 계신 참 하나님이시기 때문입니다. 무려 850명이 자신의 몸을 자해하며 아무리 열정적으로 불러도 진짜 신은 응답하지 않으셨습니다. 아무리 하늘을 보고 불러도 응답이 없었습니다. 그 선지자들은 살아계신 하나님을 부르지 않았기 때문입니다. 하지만 한 사람의 나지막한 기도 소리에 하나님은 응답하셨습니다. 왜냐하면 그는 살아계신 하나님을 불렀기 때문입니다. 하나님은 엘리야만이 하나님 당신을 불렀다는 사실을 아셨습니다.

물론 이들은 서로 다른 이름을 불렀습니다. 한쪽은 여호와, 한쪽은 바알이었습니다. 그러나 그들이 여호와라는 이름을 불렀어도 마찬가지였을 것입니다. 하나님은 그들이 생각하는 바알이나 아세라와는 다른 속성을 가진 분이었기에, 아무리 같은 이름으로 불러도 하나님은 그들이 자신을 부르지 않는다는 것을 아셨습니다. 기독교는 하나님이라고 부르지만, 이슬람에서는 알라라고 부릅니다. 그런데 하나님이라는 말과 알라라는 말은 같은 이름의 다른 언어적 표현입니다. 미국 사람은 '지저스'라 부르고 우리는 '예수님'이라 부르는 것과 같습니다. 이는 아랍의 기독교인들도 엘리야의 하나님을 알라라고 부르는 것을 보면 알 수 있습니다. 최근에 그들은 여호와라는 이름마저도 알라로 번역하기 시작했습니다. 결국 아랍에서는 기독교인이나 무슬림이나 다 알라라는 이름을 예배합니다.

그렇다면 이슬람이나 기독교인이나 다 알라라는 이름을 부르며 예배하니까 그들이 같은 하나님을 예배한다고 할 수 있을까요? 그렇지 않습니다. 아무리 같은 이름을 불러도 예배하는 대상은 전혀 다릅니다. 이름이 같다고 해서 하나님이 이슬람 신자들에게 응답하시는 것이 아닙니다. 열정적으로 예배하는 것처럼 보여도 하나님께 예배하지 않는 이들에게, 하나님은 자기 백성들을 향해 베푸시는 은혜를 결코 주시지 않습니다. 이름만 같지 그들은 다른 하나님을 예배하기 때문입니다.

이름은 똑같이 하나님을 말하고, 동일하게 아버지라고 불러도, 우리는 서로 다른 대상에게 예배할 수 있습니다. 문제는 장소가 아닙니다. 그리심이냐, 예루살렘이냐가 아닙니다. 중요한 것은 우리가 하나님께 예배하느냐의 문제입니다. 우리가 참 하나님께 예배하는 것은, 하나님이 우리를 자신의 특별한 백성으로 삼으심에 대한 증거입니다. 그 예배 가운데 하나님은 우리를 만나주십니다. 이는 그분의 자녀가 된 것을 확증하며, 그 아버지께서 예비하신 약속과 복락을 받게 될 것을 보증합니다. 이는 또한 우리가 아버지와 영원히 함께 할 것에 대한 증거가 될 것입니다.

그러나 하나님이라 부르는데 그분이 성경의 하나님이 아니라면, 우리는 죽음 이후에 누구를 만나게 될까요? 이슬람의 알라일까요? 바알과 아세라일까요? 아닙니다. 그런 신들은 없습니다. 그를 죽음의 곤경에서 구해 줄 아버지는 없습니다. 그래서 마지막 날에 큰 곤경에 빠지게 될 것이 분명합니다. 알라도 바알도 아세라도 아닌 진노하시는 하나님을 만날 것이기 때문입니다. 마태복음 7장 22-23절에 나오는 경고를 잊어서는 안 됩니다. "그 날에 많은 사람이 나더러 이르되 주여 주여 우리가 주의 이름으로 선지자 노릇 하며 주의 이름으로 귀신을 쫓아내며 주의 이름으로 많은 권능을 행하지 아니하였나이까 하리니 그 때에 내가 그들에게 밝히 말하되 내가 너희를 도무지 알지 못하니 불법을 행하는 자들아 내게서 떠나가라 하리라" 이들이 심판 날에 만난 분은 알라도 바알도 아닌 하나님, 곧 진노하시는 하나님입니다. 이들의 황망한 모습이 느껴지십니까? 왜 그런 처지가 되었습니까? 그들이 하나님을 예배하지 않았기 때문입니다. 그런데 이슬람의 모스크에서 예배하는 이들, 불교의 사원에서 예불하는 이들, 바알의 신당에서 예배하는 이들만 진노하시는 하나님을 만난다고 말할 수 있을까요? 애통할 일이지만, 교회당에서 예배하는 이들 중에서도 자비로운 아버지가 아니라 진노하시는 하나님을 만날 이들이 있을 것입니다. 살아계신 하나님을 예배하지 않았기 때문입니다. 당신이 참 하나님을 예배하지 않는다면 하나님은 당신을 모른다 하실 것입니다.

예배의 대상 : 은혜 언약의 하나님

이와 같이 우리가 바른 대상을 향해 예배해야 한다고 말씀하신 예수님은 "우리는 아는 것을 예배하노니"라고 말씀하십니다. 이 말씀은 사마리아인들은 하나님을 바로 알지 못하고 예배했으나, 유대인들은 하나님을 바로 알고 예배했다는 것처럼 들립니다. 과연 그럴까요? 유대인들은 정말 하나님을 바로 알고 예배했을까요? 그렇지 않습니다. 하나님을 바로 알았다면 그들은 그리스도를 알았을 것입니다. 그러나 그들은 그리스도를 죽인 민족입니다. 그들이야말로 자신들이 드리는 제사, 곧 예배가 무엇을 의미하는지 몰랐던 사람들이었습니다.

그런데 왜 주님은 유대인들이 아는 것을 예배한다고 하셨을까요? 힌트는 그 다음에 나오는 말씀에서 찾을 수 있습니다. "이는 구원이 유대인에게서 남이니라" 이 말씀은 두 가지로 해석될 수 있습니다. 첫째는 구원자이신 그리스도께서 유대인으로 나셨다는 의미입니다. 은혜 언약의 중보자이시며, 우리를 구원하신 그리스도께서 유대인으로 태어나셨습니다. 그러므로 구원이 유대인에게서 나온 것이 맞습니다. 둘째는 하나님의 말씀이 유대인에게 주어졌다는 의미입니다. 하나님은 구약 성경을 유대인에게 주셨습니다. 그러나 구약 성경은 궁극적으로 그리스도를 가리킵니다. 구원은 말씀에서 나는데, 그 말씀이 가리키는 것이 바로 예수님이라는 것입니다. 이는 하나님의 은혜 언약을 알지 못하면 이해할 수 없습니다.

그런데 유대인들은 둘 다 멸시했습니다. 그들이 알았던 하나님은 성경의 하나님, 곧 은혜 언약의 하나님이 아니었습니다. 그들은 제사를 통해 보았던 은혜 언약의 하나님을 어느 순간부터 잊어버리고, 그 많은 제사를 드리면서도 은혜 언약의 하나님을 알지 못했습니다. 예수님의 민족이요, 율법을 소유했던 그들이 참 하나님을 몰랐다는 것은 매우 충격적인 사건임에 틀림없습니다. 그들은 율법을 소유했으나 진정으로 소유한 것이 아니었습니다. 책만 가지고 있었을 뿐입니다. 정작 율법에서 발견해야 하는 하나님은 발견하지 못하고, 율법의 겉모양만 가졌던 것입니다. 그래서 결국 그들은 자신이 예배해야 할 대상이며 약속의 주인이신 하나님의 아들을 못 박아 죽였습니다. 마태복음 21장의 포도원 농부의 비유에서, 주인의 아들을 내쫓아 죽인 농부들이 바로 그들이었습니다. 차라리 몰랐더라면 좋았을 것입니다. 그들은 알아도 아는 것이 아니었습니다. 하나님을 가졌어도, 가진 것이 아니었습니다. 그래서 자신들의 심각한 상황을 알지 못했고 깨닫지 못했습니다.

그렇다면 우리는 누구를 예배해야 할까요? 우리는 은혜 언약의 하나님을 예배해야 합니다. 신약과 구약의 하나님을 예배해야 합니다. 신약과 구약이라는 이름은 언약이라는 말에서 왔습니다. 이 은혜 언약은 하나님께서 직접 참여하신 언약입니다. 우리는 이 언약을 믿어야 합니다. 이 언약의 내용은 간단합니다. 하나님은 인간과 첫 번째 언약을 맺으셨습니다. 이 언약의 내용은 하나님의 말씀에 순종하면 영생을 얻지만, 하나라도 불순종하면 영원한 형벌을 받는다는 것이었습니다. 그런데 사람은 죄를 범함으로 하나님께 무한한 빚을 지게 됩니다. 우리의 힘과 능력으로는 도저히 갚을 수 없는 빚이었습니다. 이 빚에 대한 마땅한 대가는 영원한 형벌뿐이었습니다. 이때 하나님은 새로운 언약을 맺으십니다. 하나님이 보내신 아들 예수 그리스도께서 우리를 대신하여 형벌을 다 갚을 테니, 그 예수님을 믿으면 너희들이 갚은 것으로 해 주시겠다는 언약입니다. 우리는 바로 이 약속을 맺으신 하나님, 이 약속의 중보자이신 예수 그리스도를 믿는 것입니다.

성경은 바로 이 언약에 대한 이야기입니다. 구약은 이 언약이 모형과 그림자의 형태로 제시된 것이며 신약은 이 언약이 실제로 성취된 것입니다. 언약의 실체이신 그리스도께서 직접 오셔서 이 언약을 이루셨습니다. 그러니 우리가 믿어야 하는 하나님은 바로 이 언약의 하나님, 곧 아들 예수 그리스도를 보내신 그 하나님입니다. 다른 어떤 종교도 이 하나님을 믿는 종교는 없습니다. 그러니 구원은 그리심 산에서도 아니요, 예루살렘에서도 아니요, 오직 참된 예배의 장소, 곧 주 예수를 보내신 하나님을 섬기는 참된 교회, 그리고 그 교회의 예배에서 납니다. 그러므로 우리는 매주 드리는 예배에서 예수 그리스도를 보내신 은혜 언약의 하나님을 보아야 하고, 그 하나님을 예배해야 합니다.

당신은 어떻습니까? 사마리아인과 같이 누구에게 예배할지 모르고 예배하고 있지는 않습니까? 아니면 유대인과 같이 하나님을 안다고 생각했고, 그분의 말씀도 갖고 있다고 여겼고, 평생 예배하며 매일 아버지라고 불렀지만, 과연 참 하나님을 부르고 그분께 예배해오셨습니까? 당신이 예배했던 그 하나님은 아들을 보내어 우리와 은혜의 언약을 맺으신 그 하나님이 맞습니까? 당신은 그 언약의 내용을 진정 아십니까?

저는 부디 당신이 방금 언급했던 그 누구도 아니기를 바랍니다. 길이요 진리요 생명이신 아들을 우리에게 보내신 언약의 하나님을 예배하시기 바랍니다. 갈멜산에서 자신의 몸을 찢으며 열정적으로 부르짖는 850명 가운데 있는 것이 아니라, 혼자 조용히 간구하는 그 한 사람이기를 기도합니다.

나눔을 위한 질문

1 예수님께서 갈릴리로 가시면서 사마리아를 통과하신 이유는 무엇일까요?

2 예수님께서 사마리아 여인과 나눈 예배에 대한 대화에서 알 수 있는 예배의 핵심은 무엇입니까?

3 기독교인들은 하나님을 예배합니다. 하지만 하나님이라는 이름만으로 예배의 대상이 되기에 충분하지 않은데, 그 이유는 무엇입니까?

4 우리의 참된 예배의 대상이 되시는 분인 은혜언약의 하나님에 대해서 설명해 보세요.

6장

예배자의 자기 인식
(이사야 6:1-7)

6. 예배자의 자기 인식

¹웃시야 왕이 죽던 해에 내가 본즉 주께서 높이 들린 보좌에
앉으셨는데 그의 옷자락은 성전에 가득하였고
²스랍들이 모시고 섰는데 각기 여섯 날개가 있어 그 둘로는 자기의
얼굴을 가리었고 그 둘로는 자기의 발을 가리었고 그 둘로는 날며
³서로 불러 이르되 거룩하다 거룩하다 거룩하다 만군의 여호와여
그의 영광이 온 땅에 충만하도다 하더라
⁴이같이 화답하는 자의 소리로 말미암아 문지방의 터가 요동하며
성전에 연기가 충만한지라
⁵그 때에 내가 말하되 화로다 나여 망하게 되었도다 나는 입술이
부정한 사람이요 나는 입술이 부정한 백성 중에 거주하면서 만군의
여호와이신 왕을 뵈었음이로다 하였더라
⁶그 때에 그 스랍 중의 하나가 부젓가락으로 제단에서 집은 바 핀
숯을 손에 가지고 내게로 날아와서
⁷그것을 내 입술에 대며 이르되 보라 이것이 네 입에 닿았으니 네
악이 제하여졌고 네 죄가 사하여졌느니라 하더라

(이사야 6:1-7)

You are created for worship

종교 개혁은 이신칭의 교리의 재발견에서 시작되었습니다. 그때까지 이 귀한 진리를 감추고 있었던 것은 다름 아닌 거짓된 교회였습니다. 당시 교회의 모든 직분 체계와 성례 등 성도들이 접할 수 있는 모든 것들은 이신칭의 교리에 반하는 것이었습니다. 그러므로 종교 개혁의 실질적인 핵심은 교회의 개혁이라고 할 수 있습니다. 교회 개혁의 핵심은 바로 예배의 개혁이었습니다. 중세 교회는 은혜 언약의 상징이었던 제사와 은혜 언약의 완결이었던 십자가를 이해하지 못했기에, 여전히 예배가 아닌 제사를 드렸습니다. 그렇다면 중세 교회 예배를 개혁하려 했던 종교 개혁자들의 핵심 동기는 무엇이었을까요?

이에 대한 힌트가 종교 개혁자 칼뱅의 글에 잘 나타납니다. 그가 쓴 『기독교 강요』에는 성경적인 기독교 신앙이 무엇인지 잘 나타나 있는데, 그 책의 첫 머리는 참된 지혜가 무엇인지를 논하는 것으로 시작합니다. 참된 지혜란 아이큐에 관한 것이 아닙니다. 참된 지혜는 행복한 삶으로 인도하는 키와 같습니다.

참된 예배를 위해 필수적인 인간에 대한 지식

우리가 하나님을 섬기는 이유가 무엇입니까? 그 길이 행복하고 복된 길이기 때문입니다. 참된 지혜란 잠언에서 말하는 지혜, 곧 로고스이신 주 예수 그리스도이시기에, 신자들은 참된 지혜를 소유한 사람들입니다. 그런데 하나님을 알기 위해서는 필연적으로 인간에 대한 바른 인식이 있어야 합니다. 인간이 얼마나 비참한 존재인지 알아야 하나님의 절대적 필요성을 깨닫고 그분을 알려고 할 것이기 때문입니다. 그렇게 하나님이 얼마나 거룩하신 분인지 알 때 우리는 인간이 얼마나 비참한 존재인지도 깨닫게 됩니다.

이 시대의 많은 신실한 신앙인들은 제2의 종교 개혁이 일어나야 한다고 말합니다. 이런 말을 들으면 보통 사람들은 "하나님에 대해 잘 가르치면 되겠다"고 생각합니다. 오늘날 교회의 문제가 신학적 지식이 없어서 그렇다는 것입니다. 과연 그럴까요? 암흑 시대라고 불리는 중세 교회의 문제가 무엇이었습니까? 그들은 왜 참된 예배를 드리지 못했습니까? 그들도 하나님에 대한 비교적 잘 정돈된 교리를 갖고 있었습니다. 적어도 신론만큼은 중세 신학자들이나 종교 개혁자들이나 크게 차이 나지 않습니다. 그러면 무엇이 문제였습니까? 바로 사람에 대한 지식입니다. 예배의 대상이신 하나님이 아니라 예배자인 자신에 대한 인식이 하늘과 땅 차이였습니다. 바로 이 차이가 미사와 예배를 나누고, 거짓 신앙과 참 신앙을 나누었습니다.

지금도 마찬가지입니다. 우리에게 참된 예배가 있습니까? 오늘날 수많은 교회에서 예배를 드리지만, 과연 그것은 참된 예배입니까? 참 예배와 거짓 예배를 나누는 기준은 무엇입니까? 하나님에 대한 인식보다 더 실제적인 문제는 예배하는 내가 누구냐에 대한 인식의 차이입니다. 이것이 하나님에 대한 인식을 결정하고, 참 예배와 거짓 예배를 나누며, 참 교회와 거짓 교회를 나눕니다.

인간의 자기 인식과 하나님에 대한 인식의 관계

하나님이 어떤 분이신지 알고 예배하는 것은 너무나 중요합니다. 예배하는 영혼은 하나님의 아름다우심과 탁월하심을 봅니다. 하지만 하나님의 능력의 탁월하심을 보더라도 두 가지 관점으로 볼 수 있습니다. 하나는 구경꾼으로 보는 것입니다. 경치를 감상하고 불꽃놀이를 보듯이 하나님의 탁월하심을 보는 것입니다. 불신자들도 그 아름다움에 경탄할 수 있습니다. 성경을 보면, 불신자의 입에서도 하나님을 찬양하는 고백이 나오는 모습을 볼 수 있습니다. 바벨론의 왕 느부갓네살도 하나님을 찬양했고(단 3:28, 4:1-3), 고레스도 하나님의 이름을 높였습니다(스 1:2-3). 그러나 그들은 그 하나님을 예배하지 않았습니다. 하나님을 보는 또 다른 관점은 그분 앞에 무릎 꿇고 경외하는 마음으로 바라보는 것입니다. 전자는 구경꾼이요, 후자는 예배자입니다. 하나님이 탁월하시다고 느끼는 것은 같습니다. 하지만 자신에 대한 인식의 차이는 너무나 다릅니다. 이 차이가 하나님의 대한 인식에 근본적인 차이를 불러옵니다.

백수의 왕인 사자를 보는 방법에도 여러 가지가 있습니다. 어떤 이는 안전한 사자 우리 밖에서 보고, 어떤 이는 아프리카의 대자연 속에서 맨몸으로 사자를 봅니다. 그 차이는 무엇입니까? 생존의 문제입니다. 분명 사자는 동일합니다. 달라진 것은 나 자신입니다. 안전한 우리 밖에서, 혹은 사파리용 자동차 안에서는 즐길 수 있습니다. 먹을 것을 던져주며 사자에게 이것저것 요구하기도 합니다. 사자가 크게 울음소리를 내면 박수치고 환호합니다. 수사자가 약한 암사자와 그 새끼사자들을 괴롭힐 때, 새끼들의 아빠 사자가 그 수사자를 쫓아가 한방 먹이고 강력한 이빨로 제압하면, 사람들은 환호합니다. 정의감, 힘, 능력에 감탄하는 것입니다.

하지만 아프리카 초원에 맨몸으로 던져진 사람은 그럴 수 없습니다. 그는 생명에 위협을 느낍니다. 사자의 존재는 단순한 구경거리가 아닙니다. 이것은 생존의 문제입니다. 식은땀이 흐르고 등골이 오싹해지는 일입니다. 날이 어두워지고 여기저기 천지를 진동하는 사자의 포효 소리가 들린다고 생각해보십시오. 다리가 후들거립니다. 내가 약하다는 사실을 알기 때문에, 내가 사자의 밥이라는 사실을 알기 때문에 그렇습니다. 그때는 사자의 강력한 힘에 감탄하는 것이 아니라 그 힘도 이빨도 그저 원망스러울 뿐입니다. 거기서 사람은 자신의 상태가 얼마나 처량한지를 제대로 인식하게 됩니다.

하나님을 아는 것도 이와 같습니다. 세상에는 하나님에 대해 이런저런 칭찬을 하는 사람도 많습니다. 자신의 삶에 일어난 놀라운 일로 하나님의 이름을 들먹이며 하나님을 칭찬합니다. 뭔가를 느꼈음에 분명합니다. 그러나 그들의 삶은 변하지 않습니다. 하나님의 말씀으로 자신을 비추어 보지도 않고, 그 말씀을 귀하게 여기지도 않으며, 그 말씀에 따라 자신을 부인하는 일도 없습니다. 여전히 자신의 방식대로, 자기 고집대로 살아갈 뿐입니다. 신앙생활도 그렇습니다. 자기가 하고 싶은 대로 하면서 입으로만 하나님을 칭찬할 뿐입니다. 이런 사람들은 동물원의 우리 안에 갇힌 사자를 보면서 기뻐하는 어린 아이와 같습니다. 안전한 자동차 안에서 사자를 바라보며 즐기는 관광객들과 같습니다.

그들은 하나님을 우리 안에 넣어놓고 구경합니다. "이렇게 해 주세요. 저렇게 해 주세요." 때로는 먹이를 던져주듯 하나님께 뭔가를 드리고는 이런저런 요구를 하기도 합니다. 하나님 앞에 겸손이 없습니다. 인간의 위대한 과학과 문명의 힘으로 사자를 즐기듯, 하나님을 즐깁니다. 그분의 말씀에 귀를 기울이지 않습니다. 하나님은 그저 나를 즐겁게 해 주면 됩니다. 그렇게 하나님을 구경합니다.

하지만 어떤 이는 하나님을 예배합니다. 하나님 앞에 엎드립니다. 하나님 앞에서 자신의 처지가 어떠한지 깨달았기 때문입니다. 자신도 하나님의 탁월한 능력과 거룩하심을 보는 구경꾼일 때가 있었습니다. 하나님이 악인을 심판하실 때 환호하기도 했습니다. 그러나 하나님의 거룩하심에 비춰진 자신의 모습을 보는 순간, 자신은 너무나도 더러운 죄인이요, 자신이 바로 그 악인이라는 사실을 알게 됩니다. 이제 그는 두려워하며 떨게 됩니다. 하나님과 나 사이에 어떤 보호막도 없다는 것을 알고 두려워하게 됩니다. 조금 전까지 자신을 즐겁게 해 줬던 하나님의 능력과 공의가 바로 죄인인 자신에게 주어질 것이기 때문입니다. 이제 그는 자신이 환호하던 바로 그 하나님의 모습을 더 이상 구경꾼으로 볼 수 없게 됩니다. 하나님의 존재가 그에게는 더 이상 레저가 아니라 실존적 문제가 되었기 때문입니다.

신자는 바로 이것을 경험한 사람입니다. 참된 예배자는 사파리의 자동차에서 하나님을 보는 사람들과 다릅니다. 우리에 갇힌 하나님을 보는 사람들은 관람객으로서, 신앙생활을 레저나 취미 활동으로 합니다. 반대로 참된 예배자는 깊은 수렁에서 하나님을 만납니다. 신앙은 실존의 문제입니다. 영원한 생명이 걸린 절체절명의 문제입니다. 참된 예배자는 자신의 몸과 영혼을 다 지옥 불에 넣을 수 있는 하나님 앞에 섭니다. 그러나 동시에 그는 자기 아들을 보내시고 십자가에 죽게 하심으로 우리를 구원하고자 하시는 그 하나님 앞에 섭니다. 바로 이 하나님 앞에 서 있다는 사실을 인식하는 사람, 그가 신자입니다. 바로 그 사람만이 구경꾼이 아니라 예배자가 될 수 있습니다.

죄인이 하나님을 만날 때

본문에서 이사야 선지자는 환상 가운데 하나님을 봅니다. 하나님은 높은 보좌에 앉으셨고, 옷자락으로 표현되는 그분의 영광은 성전에 가득했고, 천사들이 얼굴과 발을 가리고 하나님을 향해 "거룩하다 거룩하다 거룩하다 만군의 여호와여 그의 영광이 온 땅에 충만하도다"라고 노래를 부르고 있습니다.

그러자 문지방의 터가 흔들리면서 성전에 연기가 피어오릅니다. 얼마나 신비롭고 놀라운 광경입니까? 이전에는 하나님을 이렇게 본 적이 없었으나, 이제 그의 눈이 뜨인 것입니다. 그때 이사야가 보인 반응은 그 영광에 대해 경탄하면서 박수치며 칭찬하는 것이 아니었습니다. 엎드리는 것이었습니다. 그리고는 이렇게 고백했습니다. "화로다 나여 망하게 되었도다 나는 입술이 부정한 사람이요 나는 입술이 부정한 백성 중에 거주하면서 만군의 여호와이신 왕을 뵈었음이로다" 하나님을 만나는 것은 감상하고 즐기는 레저가 아닙니다. 하나님을 만난다는 것은 죽느냐 사느냐를 결정하는 실존의 문제이기 때문입니다.

바로 이것이 하나님을 예배하는 사람들의 자기 인식입니다. 사람들에게는 자신을 판단하는 나름의 기준이 있습니다. 대체로 자신이 괜찮은 사람이며, 적어도 죄악으로 인해 늘 괴로워할 정도는 아니라고 여깁니다. 결국 대부분의 인간은 어떤 방식으로든 자기에 대한 긍정 의식을 갖고 살아갑니다. 자신이 잘났다고 느끼면 그것을 당연히 여기고, 못났다고 느끼면 그걸 느낄 정도로 자신이 겸손하다 생각합니다. 자연적인 인간은 나 자신에게 희망을 주는 요소가 있어야 살 수 있습니다. 그래서 자신에게서 완전한 더러움을 발견하지 못하며, 그렇게 하지도 않습니다.

하지만 하나님 앞에 선 자, 하나님께 참된 예배를 드리는 사람은 다릅니다. 마치 아프리카 초원에 뚝 떨어진 사람처럼 자신이 아무것도 할 수 없는 존재임을 느낍니다. 거기서 살 수 있는 가능성이 1%도 없다는 것을 아는 것입니다. 그래서 하나님을 발견한 사람은 "화로다 나여 망하게 되었도다"고 탄식하는 것입니다. 이러한 모습은 이사야만의 모습이 아닙니다. 요한계시록을 쓴 요한도 환상 가운데 하나님을 보았습니다. 그리고는 이렇게 묘사합니다. "몸을 돌이켜 나에게 말한 음성을 알아 보려고 돌이킬 때에 일곱 금 촛대를 보았는데 촛대 사이에 인자 같은 이가 발에 끌리는 옷을 입고 가슴에 금띠를 띠고 그의 머리와 털의 희기가 흰 양털 같고 눈 같으며 그의 눈은 불꽃 같고 그의 발은 풀무불에 단련한 빛난 주석 같고 그의 음성은 많은 물 소리와 같으며 그의 오른손에 일곱 별이 있고 그의 입에서 좌우에 날선 검이 나오고 그 얼굴은 해가 힘있게 비치는 것 같더라(계 1:12-16)" 이다음 나오는 구절이 무엇입니까? "내가 볼 때에 그의 발 앞에 엎드러져 죽은 자 같이 되매(계 1:17)" 그냥 엎드려 죽은 자 같이 되는 것입니다.

율법에서 만나는 하나님

예배자는 어디서 처음 하나님을 보게 됩니까? 바로 율법입니다. 하나님의 명령과 법을 통해 하나님을 처음 보게 됩니다. 구약 성경에는 하나님의 법이 있습니다. 그 법을 하나하나 살펴보십시오. 하나님이 얼마나 죄를 싫어하시는지 알게 됩니다. 창세기 6장을 보십시오. 하나님의 형상으로 지음 받은 사람, 마땅히 하나님의 뜻을 따라 살아감으로 예배해야 하는 인생들이 하나님께 영광을 돌리지 않고, 즉 하나님의 말씀 앞에 자기를 부인함으로 영이신 그분께 예배하지 않고, 자신의 정욕대로 살아갈 때, 하나님은 그 죄악을 더 이상 참지 않으시고 노아의 여덟 식구를 제외한 인류를 멸망시키십니다. 실로 엄청난 사건이 아닐 수 없습니다. 그런데 여기서 우리는 하나님의 잔인함을 볼 것이 아니라, 그분의 거룩하심과 공의로우심을 보아야 합니다. 하나님이 죄를 얼마나 미워하시는지, 죄를 어떻게 처리하시는지를 보아야 합니다. 거기서 죄인 된 나의 운명을 보아야 합니다. 모든 죄인은 이와 같이 실재하시는 하나님 앞에 서야 하며 거기서부터 예배가 시작됩니다.

죄에 대한 대가를 치르는 것은 정당한 것입니다. 몇 년 전에 일본에서 한 사형수에 대한 사형이 집행되었습니다. 그는 옴진리교의 교주였던 아사하라 쇼코라는 사이비 교주였습니다. 그를 비롯한 옴진리교 신도들은 1989년 도쿄 지하철역에서 "사린"이라는 독가스를 무차별 살포하여 13명을 죽이고, 6,200여 명을 다치게 했습니다. 이 사람의 사형에 대해 일부를 제외하고는 별다른 이의를 제기하는 사람이 없었습니다. 사형이라는 형벌이 그의 죄에 비해 과하지 않다고 생각하기 때문입니다. 그만큼 무차별적인 살인죄를 사람들이 미워하기 때문입니다.

이것이 바로 우리가 가지고 있는 공의의 수준입니다. 그러나 하나님의 공의는 완전합니다. 하나님은 죄를 미워하시되 무한히 미워하시며, 어떤 작은 죄도 하나님 앞에서는 사형에 합당합니다. 모든 죄는 하나님에 대한 불신앙이요, 하나님에 대한 멸시이기 때문입니다. 그러기에 하나님은 노아 시대의 모든 죄인들을 멸하신 것입니다. 이 원리가 바로 율법에 담겨 있습니다. 하나님의 순결하심과 거룩하심과 공의가 담겨 있습니다. 이 율법을 통해 하나님을 보게 된 사람은, 이제 하나님의 능력이 단순히 자기가 구경할 수 있는 종류의 것이 아님을 자각하게 됩니다. 그래서 엎드리게 됩니다. 죽은 자 같이 되는 것입니다. "화로다 나여 망하게 되었도다"라고 말하게 되는 것입니다.

복음에서 만나는 하나님

하지만 이것이 예배자의 자기 인식의 전부는 아닙니다. 만약 여기서 멈춘다면 우리는 참된 예배를 드릴 수 없습니다. 대다수의 고대 종교는 어떤 의미에서 이 같은 감정에 머무릅니다. 그들에게 예배의 동기는 두려움입니다. 그러나 기독교는 다릅니다. 이런 현실적인 자기 인식은 거쳐야 할 과정이지 머물러야 할 자리라고 가르치지 않습니다. 더 나아가야 합니다. 그래야 참된 예배자가 될 수 있습니다. 엎드린다고 해서 다 똑같은 것은 아니기 때문입니다.

아프리카의 초원에서 한 사람이 벌벌 떨고 있습니다. 도망가다 넘어져서 다리를 다쳤습니다. 더 이상 움직이기도 힘듭니다. 모든 것이 절망적입니다. 주변을 둘러싼 사자들의 울음소리가 점점 더 가까이 들려옵니다. 한두 마리가 아닙니다. 그런데 그 중 한 사자의 발자국 소리가 가까워졌습니다. 그리고 결국 사자의 반짝이는 눈을 마주하게 됩니다. 그 사자는 거대한 수사자입니다. 갈기가 온 머리를 뒤덮은, 아름답고 큰 수사자입니다. 사자가 바로 옆으로 접근합니다. 사자의 콧김까지 느껴집니다. "이제 끝이구나!"라고 생각하는 바로 그 순간 사자의 날카로운 이빨 대신 부드러운 혀가 내 다리의 상처를 핥기 시작합니다. 내 몸에 얼굴을 비비기 시작합니다. 이제 나도 그 사자의 눈을 볼 수 있게 되었고, 그 사자와 교감이 시작됩니다. 그리고는 사자가 나를 자기 등에 태웁니다. 다른 맹수들이 모여 있는 무리를 통과하는 동안, 어떤 맹수도 나를 건드리지 못합니다. 이제 이 사자는 나를 지키는 보호자가 되었습니다. 이제는 그 사자의 등에 타서 초원을 감상하기 시작합니다. 또 다른 세상이 펼쳐진 것입니다. 이전에 자동차에서 바라보던 초원도 아니요, 그때 보았던 사자도 아닙니다. 홀로 두려움에 떨던 장소가 아닙니다. 이 사자가 아니라면 모든 짐승이 나를 찢었을 것입니다. 그러니 이제는 나를 태운 사자를 꼭 붙잡습니다. 그에게서 떨어지면 죽는다는 것을 알기 때문입니다.

이것이 바로 신자의 자기 인식입니다. 본문 6절과 7절에 보면, "그 때에 그 스랍 중의 하나가 부젓가락으로 제단에서 집은 바 핀 숯을 손에 가지고 내게로 날아와서 그것을 내 입술에 대며 이르되 보라 이것이 네 입에 닿았으니 네 악이 제하여졌고 네 죄가 사하여졌느니라 하더라"고 합니다. 제단은 죄 사함이 있는 곳이며, 그 제단의 제물은 바로 우리의 위대한 왕이신 예수 그리스도를 상징합니다. 천사가 바로 그 제단의 숯을 가져와 입술의 부정함을 탄식하던 이사야를 정결하게 했습니다. 그의 악이 제거되었습니다.

율법을 통해 하나님의 완전한 공의와 죄인인 자신의 무능력과 비참함을 깨닫고, 죽은 것처럼 엎드려야 했던 사람들에게 하나님은 그리스도를 보여주십니다. 그분은 밀림의 왕 사자처럼 온 세상의 왕이신 분입니다. 그분은 자기 앞에 엎드린 자들을 찾아가 그들의 상처를 치료하시고, 그들과 눈을 마주치며, 그들을 자신의 품에 안고, 영원한 복의 나라에 들어갈 때까지 그들을 보호하시고 지키시는 왕이십니다. 세상 어느 누구도 그분의 보호 안에 있는 자들을 건드릴 수 없습니다. "네가 물 가운데로 지날 때에 내가 너와 함께 할 것이라 강을 건널 때에 물이 너를 침몰하지 못할 것이며 네가 불 가운데로 지날 때에 타지도 아니할 것이요 불꽃이 너를 사르지도 못하리니(사 43:2)"

이제 신자는 철창 뒤에서 혹은 사파리용 자동차 안에서 사자를 보던 구경꾼이 아닙니다. 이제 그는 예배자가 되었습니다. 그는 하나님의 공의 앞에 떨어져 보았고 두려움을 경험했습니다. 그렇게 하나님은 자신에게 실존이 되었습니다. 그러나 그는 그 속에서 구원을 경험했습니다. 하나님의 사랑을 경험했습니다. 자신이 하나님 앞에서 어떤 존재인지 뼈저리게 깨닫고, 이제는 그 하나님의 품에 안겨 그분의 보호 아래 세상을 바라보게 되었습니다. 그는 하나님에 대한 인식만이 아니라, 세상에 대한 인식 또한 달라지게 됩니다.

멋모를 때는 하나님의 거룩하심과 능력과 공의에 놀라 그저 구경만 했다가, 그것이 어떤 것인지 체험하고는 두려움에 떨며 엎드리게 되었고, 마침내 하나님의 거룩과 능력과 공의가 내 편이 되어 나를 지키고 보호함을 경험하게 된 것입니다. 그러니 어찌 찬양을 그칠 수 있겠습니까! 어찌 예배를 멈출 수 있겠습니까! 우리는 더 이상 구경하고 관람하듯 하나님을 예배하지 않고 하나님 앞에 엎드려 예배하게 되었습니다.

그리스도 안에서 누리는 자기 부인

엎드린다는 것은 무엇입니까? 자기 부인입니다. 강제로, 무서워서, 억지로 율법에 순종하며 사는 삶이 아닙니다. 그것은 하나님에게서 떨어지지 않는 것이 복인 줄 알고 그분을 따라가는 것입니다. 자기 부인이라는 말은 자신의 모든 가치를 보잘것 없이 여기라는 말이 아닙니다. 잘난 것도 못난 것처럼 생각하라는 말도 아닙니다. 속으로는 대단하다고 생각하는데, 겉으로 겸손한 척하라는 것은 더욱 더 아닙니다. 기독교는 진리의 종교입니다. 사실을 사실대로 보고 반응하는 신앙입니다.

잘난 것은 잘난 것입니다. 내가 남들보다 더 뛰어난 면이 분명히 있을 것입니다. 그것이 사실이라면 굳이 부인할 필요가 없습니다. 핵심은 내가 자랑하는 세상적인 것들의 가치를 바로 알아야 한다는 것입니다. 그리스도의 품에 있지 않고서는, 밀림이나 초원과 같은 무시무시한 곳에 서 있는 나에게 금과 은과 명예가 다 무슨 소용이 있겠습니까? 조금 더 똑똑하고, 재주가 많고, 학벌이 좋으면 무엇 하겠습니까? 이 모든 것들은 맹수들이 득실대는 초원에서 별 가치가 없습니다.

맹수들이 우글거리는 밀림과 같은 세상에서 사자이신 그리스도보다 더 귀한 것이 어디에 있습니까? 그리고 그 위에 올라탈 수 있는 믿음보다 더 귀한 것이 무엇이겠습니까? 그 믿음이야말로 우리를 그리스도와 하나 되게 합니다. 우리가 붙잡는 것이 아니라, 하나가 되어 떨어지지 않게 합니다. 바로 그 믿음이 우리를 그리스도와 연합시킵니다. 하나님이 묶어 주시는 것입니다. 그리스도께서 붙잡아 주시는 것입니다. 그 믿음조차 하나님께서 주시는 것입니다. 에녹이 항상 하나님과 동행했듯이, 그 믿음은 우리로 평생 그리스도와 동행하게 합니다. 그러니 믿음보다 더 귀한 것이 무엇이겠습니까?

그러므로 자기 부인은 이 세상의 가치와 하나님 안에서의 가치를 통합하는 것입니다. 평일에는 학벌과 돈과 능력이 가장 가치 있고, 주일에는 신앙적인 모습이 가장 가치 있는 것이 아니라, 하나님이 다스리시는 모든 곳에서 그리스도, 그분을 붙잡는 믿음, 그 믿음의 증거인 주의 말씀에 순종하고자 하는 마음, 이런 것들이 가장 귀한 것입니다. 그래서 그분의 뜻을 즐거이 따르는 것입니다. 바로 이것이 자기가 어떤 존재인지 알고 하나님이 어떤 분인지 아는 신자의 참된 예배입니다.

그러므로 하나님 앞에 엎드리십시오. 구경꾼이 되지 말고, 예배자가 되십시오. 예배자가 된다는 것은 하나님의 탁월하심만 보고 찬양하는 것이 아닙니다. 진정으로 보고 진정으로 찬양하기 위해서는 나 자신을 보아야 합니다. 죄인, 하나님의 심판의 대상, 더럽고 불결한 자, 비참한 자, 이것이 우리의 모습이었습니다.

하지만 이제 당신은 그리스도께서 보호하시는 존재입니다. 그 어깨 위에서 이 세상을 바라보는 존재입니다. 이제는 내 뜻보다 하나님의 뜻을 믿고 그 뜻대로 살아가야 합니다. 내 뜻대로 내 갈 길을 간다면 우리는 또 다른 짐승을 만나게 될 것입니다. 물론 주님은 뒤따라오셔서 보호해주시겠지만, 고생할 것이 뻔합니다. 그분의 등에 타서 그분을 꼭 붙잡고 그분을 따라가시기 바랍니다.

그리고 언젠가는 사람들 앞에 놓인 철장이 사라진다는 사실을 기억하십시오. 지금 사자가 먹이를 찢는 모습을 보고 놀라며 감탄하던 사람들은, 훗날 철장이 사라질 때 그 먹이가 바로 자기 자신이 되리라는 사실을 기억해야 합니다. 그때는 이미 늦을 것입니다. 그러니 속히 엎드리십시오. 당신이 타고 관광하던 사파리용 자동차는 언젠가 멈추고 말 것입니다. 그때 당신을 보호하던 모든 것들이 얼마나 보잘것없는 것에 불과

했는지 알게 될 것입니다. 그때는 더 이상 하나님을 구경할 수 없게 될 것입니다. 하나님을 예배하든지 대적하든지, 그분 앞에 무릎 꿇든지 그분께 대항하여 싸우든지, 우리에게는 오로지 두 가지 선택지가 있을 뿐입니다.

나눔을 위한 질문

1 참된 예배를 드리기 위해 하나님에 대한 바른 인식이 있어야 하는 이유가 무엇일까요?

2 하나님을 바르게 인식하기 위해 반드시 자신에 대한 바른 인식이 있어야 하는 이유는 무엇입니까?

3 참된 예배를 위해 우리가 가져야 할 바른 자기인식은 무엇입니까?

4 율법에서 만나는 하나님과 복음에서 만나는 하나님의 차이는 무엇입니까?

5 복음에서 하나님을 만날 때 우리가 자신을 부인하게 되는 이유는 무엇입니까?

7장

이성이 무릎을 꿇을 때
(로마서 11:33-36)

7. 이성이 무릎을 꿇을 때

³³깊도다 하나님의 지혜와 지식의 풍성함이여, 그의 판단은 헤아리지
못할 것이며 그의 길은 찾지 못할 것이로다
³⁴누가 주의 마음을 알았느냐 누가 그의 모사가 되었느냐
³⁵누가 주께 먼저 드려서 갚으심을 받겠느냐
³⁶이는 만물이 주에게서 나오고 주로 말미암고 주에게로 돌아감이라
그에게 영광이 세세에 있을지어다 아멘

(로마서 11:33-36)

초대교회의 교부였던 아우구스티누스는 "나는 이해하기 위해 믿는다"고 말했습니다. 그 전에 이미 교부 테르툴리아누스는 "나는 모순되기에 믿는다"는 말을 한 적도 있습니다. 아우구스티누스와 테르툴리아누스의 말은 서로 다른 의미로 해석됩니다. 아우구스티누스는 신자의 믿음을 논하면서 이성적인 이해의 중요성을 무시하지 않았던 것으로 여겨지는 반면, 테르툴리아누스는 믿음이 가진 초이성적 성격을 강조한 것으로 간주됩니다. 하지만 이 두 가지 말에는 공통점이 하나 있습니다. 바로 믿음은 이성에 의해 제한되지 않는다는 것입니다. 쉽게 말하면, 이성으로 이해할 수 있어야 믿는 것이 아니라, 믿음은 이성의 영역 그 이상의 것이라는 말입니다. 물론 믿음이 비이성적이라는 뜻은 결코 아닙니다.

이와 같이 이성과 믿음의 문제는 초대 교회부터 지금까지 이어지고 있습니다. 왜냐하면 이성을 가진 사람은 본질적으로 자기 이성으로 이해되는 것을 믿으려 하기 때문입니다. 하지만 사람들은 자기 이성이 타락해 있다는 사실을 모릅니다. 인간의 "자연적" 이성으로는 "초자연적"인 하나님에 관해 바르게 알 수 있는 것이 없습니다. 그래서 하나님은 우리가 하나님을 인식하고 파악하도록 믿음을 주셨습니다.

욥의 회개와 이성적 신앙

인생을 살다 보면 고통스러운 일이 참 많습니다. 그런데 그 고통을 이해할 수 없을 때, 고통은 훨씬 더 가중됩니다. 사랑하는 사람이 큰 질병에 걸렸습니다. 그것을 지켜보는 일은 너무나 고통스럽습니다. 하지만 더 고통스러운 것은 '이렇게 천사 같은 사람이 도대체 왜 이런 고난을 당해야 하는가' 하는 의문이 일어날 때입니다. 시편의 기자도 하박국 선지자도 이해할 수 없는 고난 가운데 하나님께 탄원했습니다.

욥도 마찬가지입니다. 당대에 가장 의로운 사람 욥이 가장 큰 고난을 당하는 모습은 쉽게 이해하기 어렵습니다. 욥 자신도 이해할 수 없어서 몸부림치는 모습을 보게 됩니다. 이해할 수 없는 것이 얼마나 큰 고통인지는, 우리가 당한 불행의 모든 자초지종을 이해하게 되었을 때 누리는 평안을 보면 알 수 있습니다. 욥은 가장 큰 고통을 당했지만, 자신에게 일어난 일의 이유를 알게 됐을 때 깊은 위로를 경험합니다. 그런데 그 위로가 욥에게는 회개의 모습으로 나타납니다. 큰 고통을 당했기에 당연히 크게 불평해도 될 것 같은 사람이 오히려 회개한 것입니다. 조금만 손해를 입어도 반드시 배상을 요구해야만 직성이 풀리는 우리들과는 너무나 다른 모습입니다.

이런 욥의 모습을 어떻게 보아야 할까요? 열 명의 자녀를

다 잃어버리고, 모든 재산을 다 상실하고, 자기 몸에는 욕창이 들끓고, 아내가 자신을 저주하며, 멀리서 온 친구들마저도 위로는커녕 비난만 일삼는 현실에 처한 욥을 생각해 보십시오. 심지어 자신보다 더 악한 사람들은 승승장구하는데, 누구보다 성실하게 하나님을 섬겼던 자기만 이 모든 불행을 당하는 것이 이해가 되겠습니까? 설령 하나님이 나타나셔서 이런 저런 이유를 설명해도 욥이 이성으로 그것을 다 이해할 수 있을까요? 불가능합니다.

그런데 욥기의 마지막 장에서 욥은 "회개"합니다. 이 회개의 정체는 무엇일까요? 욥이 자신의 이성과 논리로 이해했기 때문일까요? 하나님께서 무한한 계획과 섭리를 욥에게 다 보여주시고 "내 계획이 이러하니 너는 지금 좀 고난을 당해야 되겠다"고 말하면 욥이 이해하고 수긍했을까요? 설령 이성적으로 수긍했다고 해 봅시다. 그런데 회개는 왜 했을까요? 우리는 회개하는 욥에게서 참된 예배자의 모습을 만나게 됩니다. 매일 하나님께 제사를 드렸던 욥, 오히려 극심한 고난을 당했음에도 하나님께 회개하는 "세상에서 가장 의로웠던 사람"의 모습을 통해, 우리는 예배하는 사람의 태도를 발견하게 됩니다.

당신도 이해할 수 없는 고난을 당해보았을 것입니다. 믿었던 사람이 이해할 수 없는 이유로 배신하기도 하고, 남보다 더 열심히 살았건만 경제적으로 더 어려워지기도 하고, 가족의 질병으로 인해 분투하기도 합니다. 너무나 억울한 일을 겪고 망연자실할 때도 있습니다. 이처럼 도저히 이해할 수 없는 불행 앞에 서게 될 때 당신은 하나님께 어떤 태도를 취했습니까? 원망했습니까? 설명해 달라고 요구했습니까? 이해시켜 주지 않으면 하나님을 떠나겠다고 을러대지는 않았습니까? 아니면 무릎을 꿇고 회개했습니까?

바울의 탄식, 그 의미를 찾아서

본문에서 우리는 사도 바울의 깊은 탄식 소리를 들을 수 있습니다. "깊도다 하나님의 지혜와 지식의 풍성함이여, 그의 판단은 헤아리지 못할 것이며 그의 길은 찾지 못할 것이로다(롬 11:33)" 이 탄식은 슬픔이나 분노의 탄식이 아니라 전적인 의존의 탄식입니다. 이 탄식의 결과를 보면 알 수 있습니다. "이는 만물이 주에게서 나오고 주로 말미암고 주에게로 돌아감이라 그에게 영광이 세세에 있을지어다 아멘(롬 11:36)" 바울은 자신의 이성으로 이해할 수 없는 하나님 앞에 서 있습니다. 그런데 이해할 수 없다는 이유로 답답해하고, 안타까워하고, 항의하는 것이 아니라 하나님을 찬양합니다. 하나님께 엎드린 것입니다. 바울이 어떻게 그럴 수 있었는지, 로마서를 처음부터 추적하며 알아봅시다.

로마서는 기독교 교리의 보고입니다. 기독교 교리의 중요한 뼈대가 로마서에 분명히 드러나 있습니다. 1장에서 3장까지는, 이방인과 유대인 모두 하나님의 심판의 대상임을 말합니다. 모두 다 죄인이기에 심판을 피할 수가 없습니다. 이방인은 양심의 법에 따라 심판을 받습니다. 또한 유대인은 율법에 따라 심판을 받습니다. 유대인들은 하나님이 주신 율법을 가졌다는 것으로 자랑했고, 율법을 지켜 구원에 이를 수 있다고 믿었습니다. 이것은 굉장한 특권이었습니다. 자신들은 율법을 가지고 있으니 이 율법을 준수하는 자신들을 하나님이 특별히 대우하실 것이라고 생각했습니다.

율법 외의 유일한 길

하지만 로마서 3장 21절에 보면, "이제는 율법 외에 하나님의한 의가 나타났으니 율법과 선지자들에게 증거를 받은 것이라"고 합니다. 우리는 율법으로 의롭게 될 수 없고, 구원에 이르지도 못합니다. 하나님은 우리를 구원하시기 위해 율법이아니라 그 율법이 궁극적으로 가리키는 참된 의의 길을 주셨습니다. 그 길이 바로 예수 그리스도이십니다. 이 방법은 내

공로가 아니라, 믿음으로 얻는 구원의 길입니다. 믿음으로 구원을 얻는다는 이 원리는 예나 지금이나 도저히 이해할 수 없는 원리입니다. 어떻게 예수 믿는다고 죄인이 구원을 받을 수 있습니까? 율법을 어겨 죄인이 되었으면 율법을 지켜서 구원을 받아야지, 어떻게 그리스도를 믿는다고 의인이 되어 구원에 이를 수 있습니까? 사람들은 도저히 이해할 수 없었습니다.

그래서 바울은 아브라함을 예로 듭니다. 바울은 유대인들이 존경하는 조상 아브라함이 어떻게 의롭게 되었는지 질문합니다. 창세기 15장에서 아브라함은 먼저 이렇게 말합니다. "저는 이제 나이가 많아 자식을 얻을 수 없습니다. 그러니 저의 모든 재산을 저의 종 엘리에셀에게 주겠습니다." 아브라함과 사라 사이에 아들이 태어난다는 것은 불가능한 일이었습니다. 그런데 하나님은 그를 밖으로 데리고 나가셔서 "하늘을 우러러 뭇별을 셀 수 있나 보라 네 자손이 이와 같으리라"고 말씀하셨습니다. 이에 "아브라함이 이 말을 믿으니 여호와께서 이를 그의 의로 여기"셨습니다. 믿을 수 없는 중에 하나님의 약속을 믿었고, 그 믿음으로 아브라함이 의롭게 된 것입니다. 그리고 창세기 17장에서 하나님은 아브라함에게 나타나셔서 언약을 맺으시고, 그 증거로 할례를 행하게 하십니다. 여기서 할례는 율법을 상징합니다.

그런데 로마서 5장을 보면, 믿음으로 의롭게 된 우리에게,

하나님과 화평을 누리라고 명령합니다. 당연히 누려야 할 화평을 왜 누리라고 명령할까요? 못 누리는 사람이 있기 때문입니다. 삶에 환란과 고난이 있기 때문입니다. 사실 이것도 이해가 잘 안 됩니다. 화평을 누리게 되었다고 선언했으면, 고난 없이 잘 먹고 잘 살게 해 주어야 하는 것 아닐까요? 알아갈수록 이해할 수 없는 것투성이입니다.

우리는 신자의 삶에 고난이 없으면 행복할 것이라고 생각합니다. 예수 믿어 모든 것이 다 잘 되면 얼마나 좋을까요? 그러나 현실은 그렇지 않습니다. 하나님과 화평을 누리지 못할 때가 많습니다. 왜냐하면 고난으로 괴로워하는 성도들은 하나님이 자신에게 화가 나 있다고 생각하고, 자신도 역시 그런 하나님께 화가 나기 때문입니다. 하나님을 오해하고 있는 것입니다. 그래서 바울은 하나님이 여전히 우리를 사랑하고 계시며, 그리스도로 말미암아 우리가 하나님과 화해하였으므로, 지금 당하는 고난은 우리를 더욱 온전하게 하려는 하나님의 뜻이라고 설명합니다.

그러면서 다시 한 번 우리가 믿음으로 의롭게 되는 원리를 아담과 그리스도를 비교하여 설명합니다. 아담 때문에 모든 사람이 죄인이 되어 심판 받게 되었지만, 그리스도로 인하여 모든 사람이 살아나게 되었습니다. 아담이 율법을 어김으로 심판을 받게 되었지만, 그리스도께서 율법을 완전히 지키셨습니다. 그러므로 우리는 율법을 행함으로 구원 받는 것이 아니라, 우리 대신 율법을 지키신 그리스도와 연합함으로 구원을 얻게 됩니다. 그 연합의 수단이 바로 믿음입니다. 이것이 바로 "은혜"의 원리입니다. 내 힘으로 율법을 지켜서가 아니라, 믿음으로 그리스도의 공로가 내 것이 되었기 때문입니다. 죄를 많이 범하면 범할수록, 율법을 많이 어길수록, 믿음으로 얻게 되는 공로의 크기가 더욱 큽니다. 이것이 기독교의 신비입니다. 물론 이것이 자칫 죄를 많이 지어도 된다거나, 죄를 많이 지을수록 좋다는 논리로 비쳐질 수 있습니다. 하지만 바울은 결코 그럴 수 없다고 말합니다. 진정으로 은혜 아래에 있는 사람은 죄를 미워하게 되기 때문입니다. 예수님이 십자가에서 죽으실 때 그분과 연합한 신자도 죄에 대하여 함께 죽었기 때문에, 더 이상 죄의 종노릇을 하지 않는다는 것입니다.

인간을 지배하는 두 가지 원리: 율법과 은혜

이제 바울은 인간의 실존에 대해 말합니다. 그는 사람을 다스리는 두 가지 원리를 제시합니다. 첫째는 죄와 율법이요, 둘째는 의와 은혜입니다. 먼저 죄의 종입니다. 죄의 종이라는 말은 죄에게 쩔쩔맨다는 말입니다. 죄의 굴레에서 벗어나지 못한다는 말입니다. 그리스도를 믿지 않는 모든 사람들의 운명이 이와 같습니다. 그런데 죄가 사람을 다스리는 방법이 있습니다. 그것이 바로 율법입니다. 이 사람들은 자신이 율법을 잘 지켜서 구원에 이르러야 하겠다고 생각합니다. 자기 능력으로 율법을 다 지키려 하게 됩니다. 그러나 그 일은 불가능합니다. 모든 율법 중 단 하나만 지키지 않아도 "불법"이 되기 때문입니다. 그러기에 그 죄의 굴레에서 벗어나지 못하고 평생 제자리를 맴돌게 되는 것입니다. 율법의 다스림을 받고 있는 그를 하나님께서는 율법의 원리로 다스리십니다. 소위 말하는 행위 언약입니다. 율법을 하나라도 못 지키면 불법임에도, 율법 아래 있는 자는 선한 일을 행하여 구원에 이르겠다는 생각을 포기하지 못합니다. 그것 외에는 달리 방법이 보이지 않기 때문입니다. 그렇게 완전히 속게 됩니다. 죄의 종이요, 율법의 종이요, 죄의 지배를 받게 됩니다. 이것이 죄가 죄인들을 다스리는 방식입니다.

하지만 성경은 더 이상 신자가 죄의 종이 아니라고 선언합니다. 신자는 의의 종입니다. 신자는 율법의 지배가 아니라 은혜의 지배 아래에 있습니다. 그를 판단하는 원리는 행위 언약이 아니라 은혜 언약입니다. 스스로 율법을 준수했는지의 여부가 아니라 율법을 다 이루신 그리스도께 연합되었는지의 여부로 구원을 받은 것입니다. 신자는 이제 죄가 율법을 통해 다스리는 지긋지긋한 통치를 벗어난 사람입니다. 그는 믿음으로 그리스도의 공로를 의지하며 은혜의 법칙을 적용 받습니다. 하나님께서 판단하시는 잣대가 완전히 바뀐 것입니다. 전에는 하나의 흠으로 전체가 불법이 되었으나, 이제는 연약한 믿음으로도 전체가 의롭게 됩니다. 하나님께서 전에는 불법의 냄새를 맡기만 하면 그를 심판하셨지만, 이제는 의의 향기를 맡기만 하면 살리십니다. 이는 바로 신자들에게서 의를 찾아내시는 하나님의 수고를 말합니다.

신자들도 역시 율법을 무시하지 않습니다. 율법을 잘 지키고 싶어 합니다. 하지만 자신이 율법을 지켜서 구원에 이르러야겠다는 생각은 하지 않습니다. 그것이 불가능하다는 것을 잘 알기 때문입니다. 율법은 무능한 나에게 더 이상 구원의 방법이 아닙니다. 그래서 신자들은 모든 율법을 지키신 전능하신 그리스도를 의지합니다. 이것이 믿음입니다. 신자들이 비록 모든 율법을 다 지키지 못할지라도, 그 믿음으로 말미암아 하나님은 그들을 의롭게 보십니다. 그렇게 약속하셨기 때문입니다. 율법의 지배 아래 있는 사람은 하나만 못 지켜도 "불법"이라는 무시무시한 판결이 내려집니다. 하지만 그리스도의 공로를 의지하는 자는 설령 그들보다 더 많이 못 지켜도 그리스도의 공로로 인하여 "거룩"이라는 판결을 받습니다. 이것이 바로 그리스도 안에, 은혜 아래 있는 의의 종의 특권입니다.

그럼에도 신자에게는 여전히 내재하는 죄가 있습니다. 왜 하나님은 신자들 안에 죄를 남겨 두셨을까요? 왜 하나님은 죄를 두셔서 우리로 고난과 환란을 당하게 하실까요? 이해할 수 없습니다. 그래도 그것은 사실입니다. 내 안에 두 사람이 있습니다. 한 사람은 하나님의 법을 즐거워하고, 또 다른 사람은 죄를 즐거워합니다. 그래서 끊임없이 나로 하여금 절망하게 합니다. "오호라 나는 곤고한 사람이로다 이 사망의 몸에서 누가 나를 건져내랴(롬 7:24)" 그러나 그 다음 장에서 바울은 "그러므로 이제 그리스도 예수 안에 있는 자에게는 결코 정죄함이 없나니(롬 8:1)"라고 말하면서, 자신만 바라보면 우리는 여전히 곤고하며 소망 없는 자들이지만, 그럼에도 기뻐할 수 있는 것은 "우리가 그리스도 안에 있기 때문"이라고 말합니다. 신자에게는 더 이상 정죄가 없습니다. 신자는 은혜의 지배를 받고 있기 때문입니다. 비록 연약하고, 여전히 죄 안에 거하지만, 하나님은 우리를 사랑하십니다. 우리를 향한 하나님의 사랑을 막거나 끊을 수 있는 존재는 우주 가운데 없다고 선언하십니다. 이것이 각 개인을 향한 하나님의 놀라운 구원의 경륜입니다.

하나님의 무한한 경륜 앞에 선 인간의 반응: 탄식과 예배

9장에서 바울은 이스라엘 민족에 대해 설명합니다. 바울은 이방인의 사도로서 주로 이방인에게 복음을 전하고 있지만, 여전히 그는 이스라엘을 사랑합니다. 이스라엘은 굉장한 특권을 받았습니다. 하나님의 양자된 민족이었고, 영광과 언약을 소유했으며, 율법을 가지고 있었고, 예배할 수 있는 특권도 오직 이스라엘에게만 주어져 있었습니다. 무엇보다 그리스도께서 이스라엘에서 나셨습니다. 이스라엘은 이 엄청난 특권과 약속을 받았지만, 지금 복음을 듣고 있는 사람은 그들이 아니라 이방인들입니다. 이스라엘이 의를 따르지 않았기에, 더 근본적으로는 긍휼을 베풀 권한이 하나님께 있기에 그렇습니다. 하나님은 긍휼히 여길 자를 긍휼히 여기시고 그렇지 않은 자는 완악하게 하시는 분입니다. 어떻게 그럴 수가 있습니까? 이스라엘이 잘못했기 때문에 버렸다면 이해가 됩니다. 그런데 하나님께서 긍휼히 여기지 않으시고 완악하게 하셨기 때문에 이스라엘이 잘못했다면 그 책임은 하나님께 있는 것이 아닐까요? 그리고 꼭 그렇게 이스라엘을 버려야 했을까요? 고쳐서 잘 사용하시면 되지 않을까요? 왜 그들이 타락하도록 놔두셨을까요? 이해할 수 없는 것투성입니다.

그렇다면 과연 하나님이 이스라엘을 완전히 버리셨습니

까? 아닙니다. 하나님이 그들로 완전히 넘어져서 일어나지 못하게 하셨습니까? 그렇지 않습니다. 하나님은 그들이 넘어지게 두셨는데, 그 이유는 이방인에게 구원을 주시기 위함이었습니다. 그러니 이방인들도 교만해서는 안 됩니다. 하나님이 이스라엘을 버리고 이방인을 선택하신 것이 아니기 때문입니다. 바울은 참 감람나무의 원 가지인 이스라엘도 찍어버리시는 하나님이라면, 그 자리에 접붙임 받은 돌감람나무도 찍어버리지 않겠느냐고 경고합니다. 하나님은 이스라엘을 완전히 버리지 않았다고 하셨습니다. 이스라엘 백성들 중에 남은 자가 있으며, 이방인들의 충만한 숫자가 하나님께 돌아오면, 이스라엘이 시기하게 되어 하나님께 돌아오게 하실 하나님의 계획을 분명히 말해줍니다.

결국 하나님은 택한 백성들을 구원하시기 위해, 온 세상의 역사를 진행해 나가고 계십니다. 단 한 사람도 놓치지 않으십니다. 그럼에도 의문은 존재합니다. 하나님은 왜 이렇게 복잡한 방법을 사용하실까 하는 점입니다. 자기 백성을 구원하시는 하나님의 뜻이 이뤄지는 과정에서 온 세상은 왜 그토록 수많은 우여곡절을 겪어야 합니까? 바울은 성령님께서 밝히 비추어 주시는 하나님의 놀라운 계획을 설명하다가 이성의 한계에 부딪히게 됩니다. 자신의 머리로는 도저히 담아낼 수 없는 한계에 부딪힌 것입니다. 그러나 그 한계가 곧 불신앙이라는 뜻은 아닙니다. 오히려 그는 외칩니다. "깊도다 하나님의 지혜와 지식의 풍성함이여, 그의 판단은 헤아리지 못할 것이며, 그의 길은 찾지 못할 것이로다 누가 주의 마음을 알았느냐 누가 그의 모사가 되었느냐 누가 주께 먼저 드려서 갚으심을 받겠느냐(롬 11:33-35)"

하나님의 위대하심과 무한하심 앞에 선 바울의 이성은 그분을 버리고 돌아서지 않고 도리어 그분 앞에 무릎을 꿇습니다. 이것이 예배입니다. 예배는 하나님의 위대하심을 다 이해했기 때문에 드리는 것이 아닙니다. 거기에는 경외심이 있을 수 없습니다. 왜냐하면 경외심은 우리가 모르는 영역이 존재할 때 생기는 법이기 때문입니다. 그러므로 참된 예배는 하나님의 위대하심 앞에 우리의 이성이 무릎 꿇을 때 시작됩니다. 그 부요하심 앞에 무릎을 꿇는 것입니다. 엄밀히 말하면 예배는 내가 하나님께 설득 당해 시작되는 것이 아닙니다. 하나님은 우리를 설득하실 의무가 없으십니다. 신자는 그저 하나님께 압도당합니다. 믿음으로 바라보는 하나님이 바로 그런 하나님이기 때문입니다. 그러므로 신자의 최종적인 고백은 다음과 같습니다. "이는 만물이 주에게서 나오고 주로 말미암고 주에게로 돌아감이라 그에게 영광이 세세에 있을지어다 아멘(롬 11:36)"

이 모든 복잡한 과정을 통해 보게 되는 것은 결국 두 가지입니다. 하나는, 세상에 수많은 존재들과 사건들이 있다는 것입니다. 사람도 있고, 짐승도 있고, 식물도 있고, 별도 있고, 달도 있습니다. 기쁨도 있고, 슬픔도 있고, 눈물도 있습니다. 둘째는, 이 모든 것들이 서로 따로 움직이는 것 같아서 우리의 눈에는 혼란스럽게 보인다는 것입니다. 설명하려 할수록 어려워 포기할 수밖에 없게 됩니다. 하지만 분명한 사실은 이 모든 것이 하나님의 손으로 운행되며 한 치의 오차나 모순이나 오류가 없다는 것입니다. 다만 우리가 다 이해할 수 없을 뿐입니다. 그래서 바울은 "만물이 주에게서 나오고 주로 말미암고 주에게로 돌아감이라"고 고백했습니다. 그리고 바울은 "그에게 영광이 세세에 있을지어다 아멘"이라 고백하는데 이는 하나님의 무한하신 경륜에 압도당한 사람이 드리는 최고의 예배가 무엇인지 보여줍니다. 뒤이어 등장하는 로마서 12장 1-2절 말씀에서 그것이 증명됩니다. 이 구절은 그리스도인의 합당한 예배에 대한 설명인데, 이 구절이 로마서 11장 다음에 등장하는 것은 결코 우연이 아닙니다. 로마서 1-11장에 걸쳐 소개된 진리에 대한 올바른 반응은, 우리 몸을 산 제사로 하나님께 드리는 것이어야 함을 선언합니다. 바울은 이것이 "너희가 드릴 영적 예배"라고 말합니다. 영적 예배라는 말은 다른 영역본(KJV)에서 "합당한 예배(reasonable service)"로 표현됩니다. 하나님의 이해할 수 없는 섭리 앞에 무릎을 꿇는 것이야말로 가장

합리적이고, 이성적이며, 합당한 예배의 모습입니다.

　이성이 하나님 앞에 무릎을 꿇을 때 예배가 시작됩니다. 하나님께 설득을 요구하여 내 이성으로 이해가 된 다음에야 하나님을 따르는 것이 아닙니다. 물론 우리의 믿음에 지성적이고 이성적인 요소가 있지만 그것이 곧 믿음이 이성적 이해의 결과물임을 말해주는 것은 아닙니다. 본질적으로 예배는 하나님이 다 이해할 수 없는 분이라는 사실을 인식하며 시작됩니다. 사실 이를 인정하는 것 자체가 바른 이성적 활동입니다. 예배는 내 이성이 하나님 앞에 무릎 꿇으면서 동시에 어떤 모순도 느끼지 않는 것입니다. 내 습관도, 내 가치관도, 전통도 모두 다 하나님의 무한하심 앞에 내려놓고, 만물이 주에게서 나오고 주로 말미암고 주에게로 돌아감을 고백하는 것입니다.

　결국 참된 예배의 삶을 방해하는 것은 무엇입니까? 자신에 대한 신뢰입니다. 내 가치관, 내 경험, 내 자존심입니다. 그리고 세상에 대한 신뢰입니다. 반면에 예배는 하나님에 대한 신뢰입니다. 그래서 이성이 무릎을 꿇을 때 우리는 진정한 예배를 드리기 시작합니다.

　처음에 언급했던 아우구스티누스와 테르툴리아누스의 고백, "나는 이해하기 위해서 믿는다", "나는 모순되기에 믿는다"는 그 고백의 이유가 지금껏 말해 온 내용에 설명되어 있습니다. 마지막으로 테르툴리아누스의 또 다른 고백을 들어봅시다. 여기에 기독교 진리의 한 줄기가 있습니다.

> "하나님의 아들이 십자가에 달리셨도다. 나는 이를 부끄러워하지 않는다. 왜냐하면 이것이 부끄러운 것이기 때문이다. 하나님의 아들이 죽으셨도다. 이는 반드시 믿어야 하는 사실이다. 왜냐하면 이것은 모순되기 때문이다. 그분이 장사되셨고 다시 살아나셨도다. 이는 확실하다. 왜냐하면 이것은 불가능하기 때문이다."

나눔을 위한 질문

1 회개할 수 없을 때 회개하는 욥과 이해할 수 없는 진리 앞에서 탄성을 부르는 바울의 모습은 우리에게 어떤 진리를 알려줍니까?

2 율법 외에 우리의 구원을 위하여 주어진 유일한 길은 무엇입니까?

3 인간을 지배하는 두 가지 영적원리는 무엇입니까?

4 바울은 자신이 이해할 수 없는 하나님의 경륜 앞에서 무릎을 꿇었습니다. 이것을 참된 예배라고 부를 수 있는 이유는 무엇입니까?

5 자신에 대한 신뢰가 참된 예배를 방해하는 주요한 원인입니다. 그 이유는 무엇입니까?

8장

예루살렘으로 올라가라:
예배의 소명
(사도행전 20:22-24)

8. 예루살렘으로 올라가라: 예배의 소명

²²보라 이제 나는 성령에 매여 예루살렘으로 가는데 거기서 무슨 일을
당할는지 알지 못하노라

²³오직 성령이 각 성에서 내게 증언하여 결박과 환난이 나를 기다린다
하시나

²⁴내가 달려갈 길과 주 예수께 받은 사명 곧 하나님의 은혜의 복음을
증언하는 일을 마치려 함에는 나의 생명조차 조금도 귀한 것으로
여기지 아니하노라

(사도행전 20:22-24)

You are created for worship

회심 이후 바울의 삶을 크게 3단계로 구분한다면, 첫째는 회심 이후 전도 여행을 떠나기 전까지이고, 둘째는 1, 2, 3차에 걸친 전도 여행이며, 마지막 셋째는 3차 전도 여행 후 순교할 때까지로 볼 수 있을 것입니다. 바울은 3차 전도 여행을 마무리하며 자신이 세운 교회들을 다시 둘러보기로 했습니다. 그 중에 에베소 교회의 장로들과 만나게 됩니다. 에베소 교회는 바울이 3년 동안 사역을 감당한 열매였습니다. 얼마나 많은 관심과 사랑을 주었는지 모릅니다. 그런데 이제 그 교회의 장로들과 만나 석별의 정을 나눕니다. 본문을 보면, 이들이 서로를 얼마나 사랑하고 염려했는지 알 수 있습니다. 36-38절에는 다음과 같은 말씀이 나옵니다. "이 말을 한 후 무릎을 꿇고 그 모든 사람들과 함께 기도하니 다 크게 울며 바울의 목을 안고 입을 맞추고 다시 그 얼굴을 보지 못하리라 한 말로 말미암아 더욱 근심하고 배에까지 그를 전송하니라(행 20:36-38)" 이 슬픔은 단순히 오랜만에 만났다가 잠시 헤어지는 그런 류의 아쉬움이 아닙니다. 영영 서로 볼 수 없다는 작별의 슬픔입니다.

죽음의 길을 떠나는 바울

왜 이렇게 슬픈 작별을 해야 했을까요? 바울의 여정이 죽음을 향해 가는 여정이었기 때문입니다. 그는 예루살렘으로 가야 했습니다. 예루살렘은 그리스도를 죽였던 도시이며, 거기에 있는 유대인들은 바울이라면 이를 가는 사람들이었습니다. 왜냐하면 그가 유대인들의 신앙을 배신하고 예수를 하나님이라고 믿으며, 유대인의 율법을 멸시하는 자라고 생각했기 때문입니다. 배신자는 원래 더 미운 법입니다.

바울은 자신이 예루살렘에서 고초와 환난을 당할 것이라고 이야기합니다. 이후에도 비슷한 상황이 그려집니다. 바울이 빌립의 집에 잠시 머물렀을 때, 예언자 아가보가 방문하여 예언합니다. 바울이 예루살렘에 올라가면 이방인의 손에 넘겨져 죽게 될 것이라고 말입니다(행 21:11). 그러자 형제들은 바울에게 예루살렘으로 올라가지 말라고 권합니다. 이때 바울은 "여러분이 어찌하여 울어 내 마음을 상하게 하느냐 나는 주 예수의 이름을 위하여 결박당할 뿐 아니라 예루살렘에서 죽을 것도 각오하였노라(행 21:13)"고 말합니다. 이미 그는 자신에게 닥칠 환난을 알고 있었습니다. 그럼에도 불구하고 그는 예루살렘을 향한 발걸음을 멈추지 않습니다.

과연 우리는 고난과 죽음이 예정된 길을 알고도 갈 수 있을까요? 바울도 온갖 핑계를 댈 수 있었습니다. 여전히 힘이 넘치고, 전도 받지 못한 이방인들도 많습니다. 그러니 '아직 내게는 할 일이 많아. 아직 하나님께 갈 때가 아니야. 예루살렘에 가면 죽는다고 하니 지금 갈 수는 없지'라고 생각할 수도 있지 않을까요? 그러나 바울은 핑계 대지 않고 예루살렘을 향해 나아갔습니다.

바울이 예루살렘에 올라간 이유는 무엇이었을까요? 여러 명분을 이야기할 수도 있었음에도 불구하고 그렇게 하지 않은 이유는 무엇일까요? 바로 소명입니다. 소명이란 하나님께서 각 사람을 부르시는 것입니다. 첫째는 죽음에서 생명으로 부르시지만, 생명을 얻은 다음에는 갖가지 삶의 자리로 부르십니다. 그리고 이 소명을 따르는 삶이야말로 하나님을 예배하는 삶의 핵심입니다.

바울의 마지막 소명

3차 전도여행이라는 소명을 마친 바울에게 아직 남은 소명이 있었으니, 바로 죽음에 관한 소명이었습니다. 어떻게 죽을 것인가에 대한 소명입니다. 이 땅에 태어난 우리들은 소명을 가지고 있습니다. 이 소명은 예배의 소명이요, 그 마지막은 죽음을 향한 소명입니다. 소명은 '어떻게 살 것인가'부터, '어떻게 죽을 것인가'까지 포함하는 것입니다. 본질은 '어떻게 살 것인가'의 문제이지만, 그 속에 항상 '어떻게 죽을 것인가'를 담고 있는 것이 소명입니다. 결국 죽음을 각오하고 부르심을 좇아야 한다는 것입니다.

　이를 위해 우리도 예루살렘으로 올라가야 합니다. 소명을 이루기 위해서 왜 예루살렘으로 올라가야 합니까? 예루살렘에 간다는 말의 의미는 무엇입니까? 이 질문들에 답하기 위해서는, 예배의 삶에 핵심이 되는 소명이 무엇인지를 알아야 합니다.

1. 성령의 인도하심을 받아야 한다.

신자의 소명이란 단지 깊이 생각한다고 해서 생겨나는 것이 아닙니다. 단순히 세상과 정세를 바라보는 눈이 있어 발견할 수 있는 것도 아닙니다. 물론 불신자들은 다를 수 있습니다. 그들은 하나님을 알지 못하기에, 하나님이 부르신 소명에 대해 알 수 없습니다. 그들은 자신의 이해와 판단으로 해야 할 일을 찾습니다. 보통은 세상이 정해 놓은 가치의 기준으로 자기의 소명을 정하게 됩니다. 세상이 귀하다고 하는 일을 하면 귀한 소명이고, 세상이 가치 없이 여기면 가치 없는 소명이라고 생각합니다. 그래서 대부분은 일상 속에서 아무런 소명을 느끼지 못합니다. 모두 자신의 일상적인 일이 가치 없다고 생각하기 때문에, 소명 의식을 전혀 느끼지 못하고 그저 하루하루 살아가는 것입니다.

하지만 신자의 소명은 그렇지 않습니다. 하나님이 주시는 소명은 혼자 골똘히 생각한다고 해서 얻어지지 않습니다. 왜냐하면 우리의 소명은 하나님의 말씀과 분리될 수 없고, 그 말씀에 대한 믿음과 단절될 수 없기 때문입니다. 하나님에 대한 지식과 믿음이 성장할수록 소명은 더욱 분명해집니다. 그러니 그것을 알기 위해 힘쓸 수밖에 없습니다.

그런데 이 소명은 성령께서 말씀을 통해 우리에게 알려주셔야 합니다. 그래서 바울도 "성령에 매여(20절)" 예루살렘으로 부르심을 받았다는 것을 알았습니다. 그렇다면 어떻게 성령에 매일 수 있을까요? '기도하면 들려주시겠지'라고 순진하게 생각할 것이 아닙니다. 물론 기도해야 합니다. 하지만 성령은 말씀을 통해 역사하십니다. 우리는 말씀을 통해 하나님께서 왜 나를 만드시고, 이 땅에 나게 하셨는지 알 수 있습니다. 그러니 하나님의 말씀을 읽고 배우며 성령의 은혜를 구해야 합니다. 하나님께서는 진심으로 찾는 자에게 주시지 않을 리가 없습니다. 이 믿음을 가지고 찾아야 합니다. 이처럼 소명은 내가 생산해 내는 것이 아니라 하나님께서 주시는 것입니다. 하나님께서 말씀하시되 성경을 통해서 말씀하십니다. 신자의 소명은 하나님의 말씀과 분리될 수 없습니다.

성령께서 말씀을 통해 역사하실 때 우리는 가치의 참된 질서를 알게 됩니다. 무엇이 진정으로 위대한 것인지 깨닫게 됩니다. 세상이 위대하다고 말하는 것이 얼마나 허망한지 알게 되고, 세상이 업신여기는 것이 얼마나 복된지 알게 됩니다. 세상의 가치관을 거스를 수 있는 힘을 얻게 됩니다. 세상의 평가가 아니라 그 일이 하나님의 부르심과 어떤 관련이 있는가가 중요합니다. 아무리 사소해 보여도 무한히 존귀하신 하나님의 뜻을 행하는 일은, 하나님과 상관없이 하는 그 어떤 일보다 귀합니다. 그러므로 모든 신자는 성령과 말씀을 통해 발견한 소명에 따라 살아야 합니다. 아무리 작은 일을 하더라도, 성령의 인도하심을 받아 부르심에 순종하는 마음으로 하는 사람은 존귀한 사람입니다.

2. 이 소명은 모든 환난과 결박에도 무너지지 않는다.

소명이란 쉽게 바뀌는 것이 아닙니다. 하나님께서 부르신 것이므로 소명을 받은 자에게는 소망이 있습니다. 하나님께서 그 길을 예비해 놓으셨을 것이라는 소망과 믿음 말입니다. 하지만 소명을 따라가는 길에도 고난은 찾아옵니다. 그러나 고난과 환난 때문에 쉽게 바뀌는 것은 소명이 아닙니다. 그것은 꿈일 뿐입니다. 우리는 원대한 꿈을 가지고 살다가 현실의 벽에 부딪히면 급히 실망하여 하나님의 사랑까지 의심하고, 믿음의 길에서 길을 잃고 방황합니다.

꿈과 소명은 다릅니다. 더욱이 헛된 꿈과 소명은 정말로 다릅니다. 꿈은 현실성이 없습니다. 그래서 고난이 구체적으로 전제되어 있지 않습니다. 어린아이들에게 "너 커서 어떤 사람이 될래?"라고 물으면, 제가 어린 시절 아이들은 "대통령이요"라고 많이 대답했습니다. 여기에는 어떤 현실에 대한 인식도 없습니다. 대통령이 되기 위해 어떤 인내와 투쟁과 자기 절제가 필요한지 모릅니다. 어떤 고난과 역경이 있는지 모르고 그냥 내뱉는 말인 것입니다. 여기에는 자신의 능력과 자신에 대한 이해도 별로 없습니다. 오늘날 얼마나 많은 사람들이 이 꿈을 소명으로 생각하며 살아가는지 모릅니다. 그러다 환난을 당할 때 자신의 꿈을 쉽게 포기합니다. 그제야 그것이 꿈이었다는 것을 알기 때문입니다.

하지만 소명은 다릅니다. 소명은 하나님을 알고 자신을 아는 사람의 것입니다. 또한 그는 세상을 압니다. 성경을 통해 안 것입니다. 참된 소명은 하나님의 말씀에 대한 참된 지식이 없이는 얻을 수 없습니다. 소명은 하나님의 위대한 능력을 알고, 자신의 부족함과 연약함을 압니다. 또한 참된 가치가 무엇인지 압니다. 따라서 헛된 망상에 사로잡혀 살다가 낙망하지 않습니다. 아무리 작은 일이라도 주님의 부르심에 순종하는 것이 얼마나 위대한지 알기에 남이 뭐라고 하든 그 길을 갑니다. 하지만 여기에는 환난도 전제되어 있습니다. 유혹도 전제되어 있습니다. 예루살렘에서 환난이 바울을 기다렸듯, 하나님의 부르심을 따라가는 신자의 걸음에는 환난이 기다리고 있습니다. 하나님의 부르심을 받은 사람을 사탄이 그냥 두지 않기 때문입니다. 그러나 소명은 고난과 환난과 유혹을 능히 뚫고 가게 합니다.

> 거기서 무슨 일을 당할지 알지 못하노라 오직 성령이 각 성에서 내게 증언하여 결박과 환난이 나를 기다린다 하시나
> (행 20:23)

한번 생각해 봤다고 해서 소명이 되는 것은 아닙니다. 수련회 혹은 부흥회에서 어쩌다 한번 울컥하여 헌신자로 일어섰다고, 다 소명이 되는 것이 아닙니다. 소명은 늘 품고 살아야 하는 것입니다. 그리고 하나님과 자신과 세상을 알아갈수록 소명은 조금씩 수정되거나 구체화 되어 갑니다. 그러니 우리는 날마다 말씀 안에서 더욱 새로워져야 합니다. 그 힘으로 고난과 환난과 유혹을 이기고 소명을 따라 나아갈 수 있습니다.

3. 그 소명은 하나님의 은혜의 복음을 증언하는 것이다.

> 내가 달려갈 길과 주 예수께 받은 사명 곧 하나님의 은혜의
> 복음을 증언하는 일을 마치려 함에는 나의 생명조차 조금도
> 귀한 것으로 여기지 아니하노라(행 20:24)

이 소명은 바울의 소명이자 동시에 모든 신자들의 소명입니다. 물론 이 말이 모두가 전도자가 되어야 한다는 뜻은 아닙니다. 선교사가 되거나 목사가 되어야 한다는 것도 아닙니다. 복음적인 삶을 살면 됩니다. 그것이 곧 예배의 삶입니다. 하나님의 말씀을 우리의 삶에 적용하고 그 말씀을 따라 살아갈 때 진짜 복음의 능력이 일어납니다.

그렇다면 복음적인 삶은 무엇입니까? 우리는 종종 일에 집중합니다. '어떤 일을 했는가?'에 집중합니다. '내가 교회에서 어떤 일을 했는가? 내가 얼마나 많은 사람들을 교회로 인도했는가?'에 관심을 둡니다. 그러나 그것은 결과주의적인 생각입니다. 어떤 사람은 누구보다 많은 사람을 교회로 인도했을 수 있습니다. 하지만 자신도 모르는 사이에 더 많은 사람을 복음에서 떠나게 했을 수도 있습니다. 어떤 이는 누구보다 교회에 재정적으로, 사역적으로 많은 수고를 했을 수 있습니다. 하지만 그 수고로 이롭게 한 사람보다 더 많은 사람에게 상처를 주고 그 영혼을 어렵게 했을 수도 있습니다. 우리는 아주

많은 사람에게 입으로 전도했을 수 있습니다. 하지만 우리의 행동으로 믿음의 길에 나아오는 더 많은 사람을 막아버렸을 수도 있습니다.

우리는 언제나 보이는 것에 집중하지만, 정작 보이지 않는 일에는 무관심합니다. 우리는 결과를 셈하고, 그것을 사람들에게 자랑하거나 스스로 만족하기를 원합니다. 사람들은 눈에 보이는 것만을 인정합니다. 그러나 하나님은 다 아십니다. 중요한 것은, 어떤 가시적인 결과를 얻었느냐가 아니라, 하나님의 말씀에 순종하여 자신을 쳐서 복종시켰는가 하는 것입니다. 내 영혼 속에서 일어나는 움직임을 살피는 일입니다. 바로 이것이 예배이고, 이것이 복음전도입니다.

예루살렘을 향해 두려움 없이 가는 바울의 모습과 그 고백은 소명을 받은 사람의 모델과도 같습니다. 그런데 바울은 최초의 모델이 아니었습니다. 바울 자신도 참된 소명을 따라 걸어간 한 사람을 모델로 삼아 따라간 것입니다. 소명을 위해서 한 평생을 사셨던 바울의 모델이 있으니, 곧 예수 그리스도이십니다.

그리스도의 소명은 분명했습니다. 아버지의 뜻을 따라 자신의 백성을 구원하는 것입니다. 이를 위해 주님은 모든 것을 감당하셨습니다. 그분은 죽기 위해 태어나셨습니다. 자존심도, 편안함도, 사람들의 평가도, 명예도, 심지어 자신의 생명도 기꺼이 희생하셨습니다. 그분은 누추한 말구유에서 태어 났으며, 태어나자마자 죽음을 피해 도망가야 했고, 비천한 삶 을 사셨으며, 모든 율법을 지키셨습니다. 그분은 고향 사람들 에게 멸시를 받으셨고, 자신의 형제들에게도 미움을 받았습 니다.

예수님도 예루살렘으로 가셨습니다. 죽음이 기다리고 있 는 예루살렘에 기꺼이 올라가셨습니다. 주님은 예루살렘에 가면 죽을 것이라는 것을 알고 계셨습니다. 그럼에도 예루살 렘으로 올라가셨고, 거기서 죽으셨습니다. 주님께서 자신에 게 주어질 모든 고난과 치욕과 수치와 죽음을 두려워하지 않 으신 것은 바로 복음 때문이었습니다. 그분은 복음을 증언하 기 위해서가 아니라 친히 복음이 되시기 위해 죽으셨습니다. 그것이 소명이었기 때문입니다. 그리하여 주님은 바울에게 자신을 증언할 소명을 주셨습니다.

바울의 마지막 소명은 복음을 전하는 일을 마치는 것이 었습니다. 이 소명을 따라 사는 삶이야말로 그가 드릴 수 있 는 최상의 예배였습니다. 하나님께서 그를 부르신 목적이 그 것이었기 때문입니다. 바울에게만 아니라 그리스도의 은혜를 입은 모든 사람들도 마찬가지입니다. 바울은 전도자로 살다 가 그것을 마치기 위해 예루살렘으로 갔습니다. 우리에게 주 어진 방식대로 복음을 전하는 예배의 삶을 살기 위해 예루살렘으로 가야 합니다. 우리에게는 각자의 예루살렘이 있습니다. 이 예루살렘은 우리의 소명을 마치기 위해 반드시 가야 할 곳입니다. 하나님은 모든 이들을 예루살렘으로 부르십니다.

예루살렘은 어디인가?

예루살렘은 특정한 장소가 아닙니다. 그곳은 우리의 소명이 다하는 자리입니다. 그곳은 우리가 오늘 소명을 따라 살아가는 현장입니다. 그렇다면 왜 예루살렘입니까? 그곳에 골고다가 있고 십자가가 있기 때문입니다. 당연히 그곳에는 고난과 환난도 있습니다. 그러므로 예루살렘으로 간다는 말은 십자가를 전하기 위해 이 모든 것을 각오하고 간다는 의미입니다. 그러나 두려워하지 마십시오. 예루살렘에 가면 환난을 이길 수 있는 힘이 생겨납니다. 그곳에는 소명을 따라 이 땅에 오셔서 소명을 따라 살다가 소명을 따라 죽으시고 소명을 따라 하늘에 올라가신 예수 그리스도께서 계시기 때문입니다. 바로 이곳이 예루살렘입니다. 그곳에서 우리는 소명을 찾을 뿐만 아니라 그 소명을 마칠 수 있습니다. 우리의 소명이 시작되고, 그 소명을 마치는 곳이 바로 예루살렘입니다. 그러므로 환난은 예루살렘을 향해 걸어가는 우리의 소명을 꺾을 수 없습니다.

예루살렘은 복음 안에, 십자가 아래에 있습니다. 그 십자가는 바로 당신이 지금 서 있는 그 자리에 있습니다. 그곳에서 십자가를 묵상하는 삶, 복음에 합당하게 살아가는 삶, 하나님의 말씀에 순종하는 삶, 성도와 교통하는 삶이 곧 예배입니다. 환난과 고난이 있어도 우리는 예루살렘을 향해 가야만 합니다. 우리에게는 하나님을 예배해야만 하는 소명이 있기 때문입니다.

나눔을 위한 질문

1 바울이 자신의 죽음을 예견하면서도 예루살렘으로 올라간 이유는 무엇입니까?

2 신자에게 주어진 소명의 세 가지 특성은 무엇입니까?

3 성령의 인도하심을 받아 소명을 가지기 위해서 반드시 필요한 수단은 무엇입니까?

4 하나님께서 주시는 소명은 환란 중에도 무너지지 않습니다. 그 이유가 무엇일까요?

5 바울은 소명을 따라 예루살렘으로 올라갔습니다. 이 예루살렘의 의미는 무엇이며, 여러분의 예루살렘은 어느 곳입니까?

9장

비어 있는 세상,
충만케 하시는 그리스도
(에베소서 1:22-23)

9. 비어 있는 세상, 충만케 하시는 그리스도

[22]또 만물을 그의 발 아래에 복종하게 하시고 그를 만물 위에 교회의
머리로 삼으셨느니라
[23]교회는 그의 몸이니 만물 안에서 만물을 충만하게 하시는 이의
충만함이니라

(에베소서 1:22-23)

몇 년 전에 중소벤처기업부 장관 후보자였던 포항공대의 어떤 교수에 대한 청문회가 있었습니다. 당시 그 교수는 기독교적 신앙에 따라 활동한 이력 때문에 많은 비판을 받았습니다. 언젠가 기독교 매체와의 한 인터뷰에서 "포항시가 선교사를 파송하는 안디옥교회 같은 도시가 되는 것이 나의 큰 그림이며 꿈"이라고 한 적이 있었는데, 이에 대한 비판이 일어났습니다. 이 인터뷰 때문에 대한불교조계종 종교평화위원회에서는 "포항시는 개인 재산도 특정 종교의 재산도 아니다"고 말하면서 그 후보자의 지명철회를 요구했습니다. 또 그 교수가 창조과학회 활동을 했다는 사실과 반동성애 운동에 참여했던 것 역시 비판의 대상이었습니다. 그 교수에 대해 카이스트의 한 교수는 다음과 같이 말했습니다. "창조 과학을 신봉하는 것은 단지 종교적 선택이 아니다. 지금까지 인류가 쌓아올린 과학적 성취를 부정하는 '반과학적인 태도를 지녔다'는 뜻이며, 회의주의자이자 과학자로서, 나는 창조 과학을 지지하는 과학자들을 매우 위험한 학자들이라 여긴다." 특히 청문회에서 그 후보자 교수가 한 답변이 흥미롭습니다. 한 청문위원이 "지구의 나이가 몇 살이라고 믿느냐?"라고 질문하자, 그 교수는 "창조 과학자들이 지구의 나이가 6,000살이라고 하는 것에 대해 동의하지 않는다. 다만 저는 신앙적으로 믿고 있다"고 대답했습니다. 결국 그는 낙마했습니다. 바로 이 모습이 오늘날 기독교인들이 당면한 현실이며, 세상이 교회를 바라보는 시각이라는 생각이 듭니다. 세상은 자신들이 이룬 성취를 자랑하고 내세우는 반면, 기독교인들은 기가 죽어 있습니다. 마치 무슨 잘못이라도 한 듯 기를 펴지 못하고 삽니다. 성경을 믿는다는 것이 부끄러운 일인 양 숨어 지내고 있습니다. '창조과학이 옳으냐? 지구의 나이가 6,000살이냐?'의 문제 이전에, 세상이 교회에 대해서 그리고 기독교인이 세상에 대해서 가진 태도를 말하고자 하는 것입니다. 이미 마음에 확신을 잃어버린 것 같은 모습 혹은 세상의 인정을 받지 못해 전전긍긍하는 모습 말입니다.

세상은 자만할 자격이 없다

그렇다면 세상은 그렇게 자신만만해 할 근거가 있습니까? 과연 인간의 능력은 세상을 더 아름답고 행복하게 만들었습니까? 그렇지 않습니다. 여전히 이 땅에는 고통이 넘쳐납니다. 인간 소외 문제는 더욱 심각해져 갑니다. 단순히 평균 수명이나, 먹고 사는 문제만 따지면 더 나아졌을지 모르지만, 정신적인 영역과 영적인 영역에서 인간은 전혀 나아지지 않았습니다. 인간이 세상을 점점 낙원으로 만들어가고 있다고 생각하지만, 실상은 그렇지 않습니다. 일시적으로 세상이 나아 졌을지는 모릅니다. 그러나 지금 우리가 누리는 풍요와 번영이, 미래의 더 큰 재앙을 잉태하게 될 줄 누가 알겠습니까? 18세기 초 산업이 막 발달하여 기계가 도입되던 시절부터 사람들은 유토피아를 꿈꿔왔습니다. 인간의 이성이 기지개를 펴고 그 능력을 발휘하기 시작하니 점점 편리한 세상이 되어갔고, 이대로 시간이 흐르면 곧 유토피아가 오게 될 것이라고 생각했습니다. 하지만 산업의 급격한 발달은 사람들을 도시로 불러들였고, 도시는 비참한 빈민들의 소굴이 되었습니다. 극심한 빈부격차는 빈민들을 양산하여 그 전보다 더 비참한 삶을 살게 했습니다. 그러자 이러한 산업화와 자본주의의 부작용에 환멸을 느낀 이들이 공산주의 사상을 주창하게 되었습니다. 또한 과학과 산업의 발달이 인간의 욕심과 맞물리면서, 세계 1, 2차 대전이라는 엄청난 전쟁이 일어나, 인류는 상상할수 없는 지옥을 경험했습니다. 산업의 발달을 초기에 경험했던 소수는 그 유익을 누리면서 유토피아까지 꿈꿨지만, 몇 세대가 지나지 않아 그 모든 발전이 지옥을 만드는 기폭제가 되었음을 역사는 말해주고 있습니다.

지금도 세상은 변하고 과학은 발달하고 있습니다. 지금 그 열매를 누리고 있는 것도 사실입니다. 하지만 그것이 이 세상을 더욱 행복하게 만들고 있을까요? 인공지능의 발달이 가져다 줄 미래는 과연 장밋빛만 있는 것일까요? 우리는 또 다른 유토피아를 꿈꾸고 있는 것은 아닐까요? 지금 우리가 누리는 과학의 발달이 인류를 돌이킬 수 없는 파멸로 인도하게 되지는 않을까요? 핵무기의 발달은 인류를 멸망시킬 수 있을 정도의 기술을 담고 있습니다. 지구온난화로 인한 기후 변화는 지금도 전 세계에 재난을 가져다주고 있습니다. 어떤 과학자들은 지구 멸망의 시간이 임박했다고 주장하기까지 합니다. 그러므로 우리는 이렇게 물어야 합니다. '과연 우리는 참으로 온전해지고 있는가? 이 세상은 정말로 충만해지고 있는가? 인간과 과학자들은 그렇게 자신만만해 할 자격이 있는가? 과연 세상을 이들에게 맡겨도 되는 것인가? 반면에 신자인 우리들은 기죽어 지낼 이유가 있는가?'

머리와 몸의 관계

본문은 두 내용으로 구성되어 있습니다. 첫째, "교회는 그의 몸이니", 즉 교회와 그리스도의 관계입니다. 둘째는 그 관계에서 필연적으로 나오는 결과로, "교회는 만물을 충만케 하시는 이의 충만"이라는 진리입니다. 몸은 머리가 시키는 대로 움직입니다. 그러므로 머리가 없으면 안 됩니다. 그렇다고 몸이 없이 머리만 존재할 수 있는 것도 아닙니다. 머리와 몸이 만나야 한 사람이 됩니다. 머리이신 그리스도와 몸의 관계가 이와 같습니다. 여기에 성육신의 위대한 의미가 있습니다. 이는 구약 시대에 성자께서 사람의 몸을 입은 모습으로 현현한 것과는 확연히 구분됩니다. 사라의 출산과 소돔과 고모라의 멸망을 알려주기 위해 아브라함의 장막에 찾아오신 분도, 풀무불에 던져진 다니엘의 세 친구를 보호하고 그들과 함께 계셨던 분도 성자 하나님이셨지만, 이때는 분리될 수 없는 육신을 입고 오신 것이 아니었습니다. 이 불가분의 연합은 십자가 구속을 위해 이 땅에 오셨을 때 이루어졌습니다. 자기 백성들의 머리가 되시기 위해 성육신하셨던 것입니다.

이 내용을 우리는 세 가지로 구분합니다. 첫째, 그리스도는 만물을 충만케 하시는 분이십니다. 둘째, 교회는 그리스도를 충만케 합니다. 셋째, 만물이 충만케 되기 위해서는 교회가 충만해져야 합니다.

만물을 충만케 하시는 분

첫째, 그리스도는 만물을 충만케 하시는 분입니다. 충만케 한다는 말은 채운다는 뜻이며, 빈곳이 없게 한다는 것입니다. 곧 무언가를 완전하게 하는 것을 의미합니다. 그리스도로 말미암아 만물은 가득 차고, 완전하게 됩니다. 역으로 말해, 그리스도가 없는 만물에는 빈곳이 있다는 것입니다. 여기서 "비었다"는 말은 매우 부정적인 의미입니다. 예를 들어, 큰 맘 먹고 비싼 대게를 사서 먹으려고 하는데, 막상 껍질 안에 살이 가득 차 있지 않으면, 화가 나고 속상하지 않나요? 완전히 속은 것입니다. 겉은 멀쩡하고 실해 보이는데, 속이 텅텅 비어 있다면 그것은 가짜입니다. 마땅히 차 있어야 할 곳이 비어있는 것은 거짓입니다. 그런 것을 우리는 악이라고 부릅니다. 한 마디로 악한 상태입니다.

이 세상 역시 보기에는 멀쩡해 보이지만 실상 그 안은 텅텅 비어 있습니다. 여기에 키 크고 얼굴도 잘 생긴 사람이 있습니다. 그는 잔 근육이 가득하여 힘도 세고 멋지고 건장한 몸을 가지고 있습니다. 유머 감각도 있고 돈도 많습니다. 어느 모로 보나 1등 신랑감입니다. 그런데 공부하는 것을 별로 좋아하지 않습니다. 그래도 이렇게 장점이 많으니 그 정도야 어떤가요? 그러나 이런 사람도 빵점일 수 있습니다. 바로 그 사람의 직업이 과학자이기 때문입니다. 다른 것이 아무리 멀쩡해도 공부하기 싫어하고 연구를 게을리하면 과학자로서는 불합격입니다. 그야말로 빛 좋은 개살구입니다. 가득 차 있는 것 같지만 텅 비어 있는 것입니다. 인간으로서가 아니라 한 사람의 과학자로서 그렇다는 말입니다. 이 세상은 어떤 면에서 보느냐에 따라 평가가 달라집니다. 술 먹고 노는 사람들에게 소돔과 고모라는 천국입니다. 환상적인 곳입니다. 그들에게 소돔과 고모라는 가장 선한 곳입니다. 하지만 경건한 사람에게 그곳은 지옥입니다. 거룩하신 하나님께 그곳은 악한 곳입니다. 사람의 마음을 유혹하는 것들로 가득 차 있지만, 실상 경건한 사람에게는 비어 있는 곳일 뿐입니다. 한 마디로 악한 곳입니다.

하나님의 관점에서 이 세상을 보면 어떨까요? 텅텅 비어 있습니다. 가짜이며 거짓되고 악한 곳입니다. 하나님께서 이 세상을 지으신 목적과 다른 모습이 너무나 많기 때문입니다. 당신에게 이 세상은 어떤 곳입니까? 당신은 이 세상이 꽉 차 있다고 생각합니까, 아니면 비어 있다고 생각합니까? 그것이 바로 당신이 누구인지를 말해 줍니다. 신자는 이 세상이 비어 있다고 생각하는 사람입니다. 그것으로 인해 탄식하며, 세상이 다시 충만해지기를 간절히 바라는 사람입니다. 이것이 보여야 신자 노릇을 할 수 있습니다. 세상이 비어 있는 곳으로 보여야 불신자들을 긍휼히 여겨 복음을 전할 동기가 강화되는 것이지, 가득 찬 곳으로 보이면 이 세상을 부러워하고 질투하게 되므로 신자 노릇을 바로 할 수 없습니다. 이럴 경우 오히려 신자가 세상에 잘 보이기 위해 매달리게 됩니다. 세상의 덕을 보려하게 됩니다. 그렇게 되면 오히려 교회가 빈곳이 되고, 교회를 세상으로 채우려 할 수 밖에 없습니다. 오늘날 우리는 이와 같은 모습을 보고 있습니다. 도리어 교회가 비참해지고, 교회의 머리이신 그리스도가 비참해지는 모습 말입니다.

비어있는 세상의 비참한 현실

그렇다면 이 세상을 어떻게 충만하게 해야 할까요? 오늘날 이를 위해 많은 사람들이 나름대로 수고하고 있습니다. 자기 이익을 위해 사는 사람도 있지만, 이 세상을 바르게 하기 위해 사는 사람도 있습니다. 특히 젊은 시절에 그렇게 생각하는 경향이 있습니다. 우리 역시 비록 직접적으로 이 사회를 온전하게 하는 일을 감당하지는 못하더라도, 다양한 방법으로 이 사회가 바르게 되는 일에 힘을 보탭니다. 개인적으로 선행을 하기도 하고, 불우 이웃을 도우며 구제하기도 합니다. 직접 도와주기도 하고, 교회를 통해 봉사활동을 하기도 합니다. 의미 있는 노력임에는 분명하지만, 과연 그것으로 세상이 진정 충만해질 수 있을까요? 창조주의 의도와 일치하는 세상이 과연 사람들의 수고를 통해 다시 구현될 수 있을까요? 그런 노력과 수고는 필요하고 가치 있는 일이지만, 그것만으로는 불가능합니다.

　세상 사람들이 세상을 조금이라도 더 아름답게 만들기 위해 하는 수고를 어떻게 설명할 수 있을까요? 앞서 예를 들었던 그 멋진 남자를 다시 생각해 봅시다. 그는 잘 생겼고, 운동도 잘 합니다. 옷도 잘 입고 재력도 있습니다. 세상이 말하는 신랑감으로는 충만할지 모릅니다. 하지만 그가 과학에 흥미가 없고, 공부도 싫어하는 과학자라면 말이 달라집니다. 과학자가 잘 생기고, 운동도 잘하고, 옷도 잘 입는 것은 나쁜 것이 아닙니다. 하지만 과학자로서 최고의 평가는 연구를 잘하는 것입니다. 이와 같이, 세상 사람들이 자기 힘으로 노력하고 수고하는 것들은 과학자를 더 멋진 신랑감으로 만들려는 시도와 같습니다. 좋은 옷을 입히고, 근육질의 몸을 만들고, 멋진 헤어스타일을 만들어 주는 것입니다. 하지만 그런 것들로는 진정한 과학자가 될 수 없습니다. 속이 꽉 찬 과학자가 되게 하려면, 연구에 대한 흥미를 갖게 해야 하고, 연구할 수 있는 시설을 마련해주고 교육을 시켜야 합니다.

　세상은 남성과 여성에 대한 인식, 동성애와 동성 결혼에 대한 인식, 생명의 가치에 대한 인식, 낙태에 대한 인식, 사회적 정의에 대한 인식, 인권에 대한 인식들을 우리에게 가르칩니다. 과학을 바탕으로 그것이 세상을 충만하게 하는 방법이라고 주장합니다. 그런데 그 중에는 성경의 가치관에 어긋나는 것들도 많습니다. 꽤 괜찮아 보이는 것도 있지만, 그것도 결국 화장으로 과학자의 얼굴을 아름답게 꾸며주는 정도에 불과합니다. 더구나 오늘날 세상 사람들의 노력 중에는 그 화장마저도 덕지덕지 이상하게 하는 것처럼 보일 때가 많습니다. 그러고는 아름답다고 즐거워합니다.

한 가지 통계를 통해, 오늘날 우리의 모습을 살펴봅시다. 몇 년 전에 정부에서 낙태 실태에 대해서 조사했습니다. 조사 결과 7.6%의 여성이 낙태를 경험했다고 합니다. 성경험이 있는 여성의 10.3%가 낙태를 경험했습니다. 임신 경험이 있는 여성으로 가면 20% 정도입니다. 이 조사 결과는 낙태를 더 광범위하게 허용할 것인지를 결정하기 위한 자료로 사용되었습니다. 이에 대해 낙태죄 폐지를 찬성하는 이들은 주로 여성의 자기 결정권을 주장합니다. 태아의 생명권보다 여성의 자기 결정권이 더 중요하다는 입장입니다. 이들의 세계관 속에서 태아는 생명이 아니라 세포 덩어리에 불과합니다. 혹은 생명이라 하더라도 정상적인 사람보다는 덜 중요하다는 입장입니다. 놀라운 사실은 상당히 많은 신자들이 이런 주장에 동조한다는 것입니다. 자신도 모르는 사이에 그런 세계관을 받아들이고 있기 때문입니다. 성경의 견해에는 그다지 큰 관심이 없는 것입니다. 하지만 성경은 잉태된 이후의 모든 태아가 생명이라고 합니다. 시편 139편 13절 이하에는 이렇게 기록되어 있습니다. "주께서 내 내장을 지으시며 나의 모태에서 나를 만드셨나이다 내가 주께 감사하옴은 나를 지으심이 심히 기묘하심이라 주께서 하시는 일이 기이함을 내 영혼이 잘 아나이다 내가 은밀한 데서 지음을 받고 땅의 깊은 곳에서 기이하게 지음을 받은 때에 나의 형체가 주의 앞에 숨겨지지 못하였나이다 내 형질이 이루어지기 전에 주의 눈이 보셨으며 나를 위하여 정한 날이 하루도 되기 전에 주의 책에 다 기록이 되었나이다(시 139:13-16)." 다윗이 태속에서 완전한 사람이 되기도 전에 이미 하나님은 다윗을 아셨고, 정한 날이 하루도 되기 전에 주님의 책에 다윗을 기록하셨습니다. 사람으로, 한 인격으로 기록된 것입니다.

그리고 낙태죄 폐지를 주장하는 사람들은 강간이나 근친상간이나 임산부의 생명이 위험한 상황과 같이 특수한 경우 때문에라도 낙태를 허용해야 한다고 주장합니다. 그런데 이는 현행법으로도 허용이 됩니다. 물론 그것조차 성경의 생각과는 다르지만 말입니다. 실제로 이런 이유로 낙태하는 경우는 5%도 안 된다고 합니다. 위 조사에서도 낙태한 이유로 33.4%가 '학업, 직장 등 사회 활동에 지장이 있을 것 같아서'라고, 32.9%가 '경제적인 어려움 때문에'라고 대답했습니다. '터울을 조절하기 위해서'라고 대답한 사람도 31.2%나 됩니다. 결국 약 97.5%가 자기 편의 때문에 낙태를 선택하고 있는 것입니다. 내가 힘들기 때문에 태아를 죽이고, 그 아이는 사람이 아니었다고 말합니다. 그리고 국가와 법원은 그것을 공식적으로 인정합니다. 그러면 사람들은 점점 그것이 당연한 것처럼 생각할 것입니다. 이렇게 세계관은 점점 더 왜곡되고, 세상은 비어가는 것입니다.

물론 낙태 자체를 좋아할 사람은 아무도 없을 것입니다. 어려운 과정을 통해 결정할 것이고, 신체적이고 정신적인 후유증이 여성에게 남아 있을 것입니다. 하지만 그들을 목회적으로 대하는 것과는 별개로 이 문제를 바라보아야 합니다. 왜냐하면 이는 상당히 공적인 문제이기 때문입니다. 같은 죄인으로서 다른 죄인을 바라볼 때 동정심이 생기는 것과는 별개로 세상을 지으신 하나님의 뜻은 그대로 전달되어야 하기 때문입니다. 하나님은 낙태를 죄라고 말씀하십니다. 그것은 옳지 않은 것이며, 세상을 비우는 행위라고 하십니다. 하지만 세상은 그렇지 않다고, 괜찮다고 합니다. 오히려 낙태죄 폐지야말로 세상을 세상답게 만드는 것이며, 이 세상을 충만하게 하는 것이라고 주장합니다. 헌법재판소가 죄가 아니라고 결정하면 이제 세상에서 낙태는 죄가 되지 않습니다. 하지만 이는 하늘 법정과는 다른 판결입니다.

이 외에도 많습니다. 우리는 지금 나도 모르는 사이에 사람들이 이 세상을 충만하게 할 수 있다고 생각합니다. 그리스도가 아닌 사람이 스스로의 힘으로 그렇게 할 수 있다고 믿습니다. 내 생각이 옳다고 생각합니다. 하지만 이 세상은 사람이 채우는 것이 아닙니다. 죄인의 힘으로는 채울 수 없습니다. 노아 시대의 사람들도, 소돔과 고모라의 백성들도, 자신들이 이 세상을 충만하게 하려고 했습니다. 하지만 하나님은 그들을 멸하심으로 그것이 아니라고 응답하셨습니다. 그렇게 해서는 절대로 이 세상을 채울 수 없습니다. 오직 그리스도만이 세상을 충만하게 하십니다. 그분만이 자신의 말씀으로 이 세상을 채워나가십니다.

나눔을 위한 질문

1 기독교 신자들이 이 세상의 주장과 권세에 기가 죽을 필요가 없는 이유는 무엇입니까?

2 하나님께서 보시기에 이 세상은 비어있습니다. 세상이 비어있다는 말의 의미는 무엇입니까?

3 이 세상은 비어 있는 세상을 채우기 위해서 노력하고 있습니다. 그들의 노력이 헛된 이유는 무엇일까요?

4 낙태와 동성애에 대한 이 세상의 보편적인 관점은 무엇이며, 이에 대한 성경적인 관점은 무엇입니까?

10장

교회에게 주어진 영광스러운 소명
(에베소서 1:23)

10. 교회에게 주어진 영광스러운 소명

²³교회는 그의 몸이니 만물 안에서 만물을 충만케 하시는 이의
충만함이니라

(에베소서 1:23)

성경에서 교회론에 관한 한 최고의 책으로 여겨지는 것이 에베소서입니다. 교회의 본질이 에베소서에서 가장 자세히 설명되었기에, 목회자들은 이를 본문으로 하여 교회에 대한 설교를 많이 해 왔습니다. 에베소서는 교회가 단순히 예수 믿는 사람들이 자기 필요에 따라 임의로 모이는 단체가 아니라는 사실을 말해줍니다. 교회는 하나님께서 세우신 것입니다. 그것도 아주 특별하고 위대한 목적을 갖고 세우셨습니다. 사도 바울은 교회의 존재 근거를 복음서에 나오는 그리스도의 명령이 아니라 삼위일체 하나님의 구속 경륜에 둡니다. 그것도 창세 전에 이미 결정된 것으로서, 온 우주 만물을 충만하게 하는 하나님의 위대한 구속 사역에서 교회를 아주 중요한 위치에 두고 있습니다.

에베소서 1장 22-23절에서 사도 바울은 그리스도와 교회와의 관계를 머리와 몸의 관계라고 합니다. 당연히 머리와 몸은 떨어질 수 없는 관계입니다. 하지만 이는 불가분의 관계 그 이상을 의미합니다. 이를 바울은 다음과 같이 표현하고 있습니다. "교회는 그의 몸이니 만물 안에서 만물을 충만하게 하시는 이의 충만함이니라(엡 1:23)"

그리스도를 충만하게 하는 교회

그리스도는 만물을 충만하게 하시는 분입니다. 인간은 온갖 노력을 하지만 이 세상을 충만하게 할 수 없습니다. 오히려 인간의 수고는 점점 더 세상을 비웁니다. 세상을 충만하게 하실 수 있는 분은 그리스도 밖에 없습니다. 그런데 바울은 여기서 멈추지 않고 한 발 더 나아갑니다. 세상을 충만하게 하시는 그 그리스도를 충만하게 하는 존재가 있다고 합니다. 그것이 바로 "교회"입니다. 이런 의미에서 교회는 몸이고 그리스도는 머리입니다. 몸이 없는 머리는 결코 충만하지 않기 때문입니다. 만물을 충만하게 하시는 그리스도께서 충만하게 되기 위해서는 몸인 교회가 충만해야 합니다.

정말 충격적인 선언이 아닐 수 없습니다. '세상에, 이토록 악하고 부족하고 연약한 인간이 무엇이기에 그리스도를 충만하게 하는 존재란 말인가!' 물론 그리스도와 분리된 인간은 아무것도 아닙니다. 머리가 떨어진 몸이 살 수 없고 아무것도 아닌 것처럼 말입니다. 그리스도 안에서 인간은 만물을 충만하게 하시는 그리스도를 충만하게 하는 존재가 됩니다. 이제 그리스도 자신도 몸이 없이는 온전하지 않은 존재가 되시기로 하셨습니다. 그리스도께서 자신의 백성들과 연합하신 이상, 교회의 머리가 되신 이상 그분은 몸인 교회와 더불어 충만한 존재가 되십니다. 이를 어떻게 말로 표현할 수 있을까요!

그렇다면 교회와 그 구성원인 신자들은 온 우주의 구속에서 핵심적인 역할을 차지한다고 볼 수 있습니다. 그리스도께서 완전하시므로 그 몸에 붙어 있는 지체 하나하나는 완전한 존재가 되어야 합니다. 결국 그렇게 될 수밖에 없습니다. 그리스도께서 완전하시기 때문입니다. 모든 성도들을 온전케 하시는 것은 필연적입니다. 그러므로 신자 한 명 한 명은 세상의 지위와 상관없이 무한히 귀중하고 소중하며, 온 우주와도 바꿀 수 없는 가치 있는 존재입니다. 그리스도께서 그 한 사람 한 사람과 함께 충만해지시기 때문입니다. 그러니 그분은 우리를 결코 놓지 않으시며, 포기하지 않으시고, 버려두지 않으십니다. 아니, 그럴 수 없습니다.

그리스도는 세상을 충만하게 하시되, 교회를 충만하게 하심으로 세상을 충만하게 하시는 위대한 사역을 완성하실 것입니다. 그렇다면 남은 것은 무엇입니까? 그리스도께서 세상을 충만하게 하시는 그 사역을 우리가 감당하는 것입니다. 이를 위해 머리이신 그리스도는 지체인 신자들 각 사람에게 합당한 소명을 주십니다. 신자가 소명을 감당하게 하심으로써, 그리스도는 자신뿐만 아니라 세상을 충만하게 하십니다. 하나님의 뜻대로, 그리스도의 부르심대로 살아가는 교회와 신자들을 통해 텅 빈 세상이 점점 충만해집니다. 이는 천지를 창조하신 후에 하나님께서 사람(아담)에게 요구하셨던 문화 명령과 같은 것입니다. 이제 하나님은 또 다른 사람(두 번째 아담)을 통해 "그대로 되니라"의 예배를 받기 원하십니다. 태초부터 계획된 하나님의 뜻은 결코 변하지 않습니다. 그때 원하셨던 예배도 결코 바뀌지 않습니다. 오늘 그리스도 안에서 하나님이 주신 자신의 소명을 따라 살아가는 신자야말로 진정한 예배에 참여하는 자들입니다.

소명의 종류

소명을 따르는 삶을 통해 교회는 어떤 방식으로 그리스도를 충만하게 할까요? 하나님은 신자들에게 어떤 소명을 주셔서 그리스도를 충만하게 하실까요? 여기에는 세 종류의 부르심이 있습니다. 첫째, 교회로의 부르심, 둘째, 가정으로의 부르심, 셋째, 세상으로의 부르심입니다. 그런데 에베소서는 이 부르심에 대해 조금 다른 방식으로 이야기합니다. 청교도 윌리엄 구지(William Gouge, 1575-1653)는 에베소서에 등장하는 신자의 소명을 일반적인 부르심과 특별한 부르심으로 구분합니다. 그는 에베소서 4장 이하의 내용을 두 부분으로 나눕니다. 4장부터 5장 21절까지는 일반적인 부르심, 5장 22절부터 6장 9절까지는 특별한 부르심에 대한 내용이라고 말합니다. 일반적인 부르심이란 모든 신자에게 적용되는 부르심이고, 특별한 부르심이란 특별한 지위나 역할에 해당되는 부르심입니다. 일반적인 부르심은 "교회"로의 부르심이며, 특별한 부르심은 가정과 세상으로의 부르심입니다. 이처럼 신자들은 두 종류(일반/특별) 혹은 세 종류(교회/가정/세상)의 부르심을 통해 세상을 채워나갑니다. 이것이 우리를 부르신 하나님의 뜻입니다. 우리는 자신이 속한 곳에서 하나님의 법을 지키고, 다른 이들도 그 법을 지키도록 모든 수고를 다해야 합니다.

먼저 교회로의 부르심을 생각해봅시다. 구지는 이를 일반적인 부르심이라고 말합니다. 그 부르심이 모든 신자에게 공통된 것이기 때문입니다. 교회로의 부르심은 한 사람의 거듭남에 관한 것입니다. 사람이 거듭날 때 그는 하나님의 교회의 일원이 됩니다. 우리를 하나님께로 부르셔서, 하나님의 특별한 백성으로 삼으신 것입니다. 우리는 이것을 중생이라고 하고, 유효한 소명이라고도 합니다. 바울은 에베소서 2장 1절부터 10절까지, 이에 대해 말합니다. 우리는 허물과 죄로 죽었고, 진노의 자녀였습니다. 이것이 본래 우리의 정체성입니다. 우리는 이를 늘 인식해야 합니다. 왜냐하면 그리스도인의 삶은 이 인식에서 출발하기 때문입니다. 이러한 인식 아래 있을 때 처음으로 하나님의 부르심이 시작됩니다.

사람들은 대체로 자신에 대해 좋은 인상을 가지고 있습니다. 다들 자신을 긍정적으로 생각하고 싶어 합니다. 다른 사람보다 자신이 더 낫고, 이만하면 괜찮다고 생각합니다. 그런데 바울은 우리가 "허물과 죄로 죽었던 존재"라고 말합니다. 본질상 진노의 자녀였다고도 합니다. 굉장히 듣기 불편한 말이지만, 바울은 주저 없이 말합니다. 왜 그럴까요? 사실이기 때문입니다. 이를 인정하지 않으면 우리가 가진 기독교 신앙이 근본적으로 왜곡되고 맙니다.

이는 성경 전체를 보아도 동일합니다. 창세기는 성경 66권의 시작입니다. 좋은 영화는 도입부부터 전체 스토리를 위한 배경을 잘 제시하고, 중요한 암시를 먼저 던져줍니다. 그래서 영화는 첫 부분을 보아야 그 맛을 제대로 알 수 있습니다. 성경도 마찬가지입니다. 창세기는 성경 전체를 끌고 갈 중요한 내용들이 보석처럼 박혀 있습니다. 창세기 1-2장은 하나님의 아름다운 창조에 대한 내용입니다. 3장은 인간의 타락 이야기입니다. 4-10장은 그 타락이 얼마나 징글징글한지를 설명해줍니다. 4장은 아담의 맏아들 가인이 동생 아벨을 죽이는 내용을 보여줍니다. 5장은 아담의 모든 자손이 다 죽었다는 이야기입니다. 900년을 살았어도 그들은 모두 행위 언약의 내용대로 "정녕 죽었습니다." 6-8장은 노아의 홍수로 인간이 다 전멸하는 내용입니다. 그들이 전멸하게 된 이유가 무엇입니까? 타락 때문입니다. 이후에 살아남았던 노아의 자손들을 보십시오. 의인 노아부터 술 먹고 추한 모습을 보일 뿐만 아니라, 아들 함을 저주하는 사건을 일으키고 맙니다. 이것이 당대에 가장 거룩한 의인의 모습이었습니다. 10장에서 노아의 후손이 번성했음을 보여주고 난 후, 11장에서는 그 후손들이 시날 평지에서 바벨탑을 쌓아 하나님께 도전하는 이야기를 그리고 있습니다. 이로 인해 그들은 흩어지게 됩니다. 성경의 가장 처음 이야기의 소결론이 무엇입니까? 인간은 구제불능이라는 것입니다. 진노의 자녀라는 것입니다. 인간은 실로 죽은 존재라는 이야기입니다. 이는 우리가 실제로 체험하는 우리의 자신의 모습이기도 합니다. 은혜 받았다고 눈물 흘리며 고백하면서도, 조금만 여유가 생기면 재빨리 죄악으로 달려가는 우리의 모습 말입니다. 이와 같이 성경은 창세기에서 인간의 부패와 타락을 강조합니다.

바로 이것이 우리의 처음 정체성입니다. 이를 부인하면, 신앙이 엉망이 됩니다. 내가 하나님을 섬기는 신앙이 아니라 하나님이 나를 섬기게 하는 신앙이 됩니다. 하나님께 헌금하고 기도하고 열심을 다하지만 결국은 하나님을 구슬리거나 협박해서 그분을 나의 종으로 만들고자 하는 신앙생활이 되어 버립니다. 예배가 죄로 물든 자아를 죽이는 시간이 아니라 살리는 수단이 되고 맙니다. 이것은 기독교라는 이름으로 같은 장소에서 같은 행위를 하면서 이루어질 수 있는 엄청난 역설입니다. 예배라는 이름으로 한 사람은 자신을 죽이고 하나님을 섬기고자 하지만, 다른 사람은 자신을 살리고 하나님을 종으로 부려먹을 궁리를 합니다. 바로 이런 심판의 대상, 죽음의 자녀, 진노의 자녀인 우리들을 하나님께서 부르셨습니다. 하나님을 알지도 못하고 사랑하지도 않았던 우리를 하나님께서 먼저 부르셨습니다.

생명 이식 수술

본문은 "그는 허물과 죄로 죽었던 너희를 살리셨도다"고 말합니다. 여기서 살아난 사람은 이전에 죽었던 자들입니다. 성경은 특별히 "너희들"이라고 명시하는데, 이들은 에베소 교인들입니다. 살리시되 모든 사람을 다 살리지 않으신 것입니다. 하나님께서 창세 전에 택하신 백성들만 살리신 것입니다. 중생한 모든 성도들은 하나님이 살리셔서 하나님의 생명을 가지게 되었고, 하나님의 은총과 거룩함을 입게 되었습니다. 그들은 하나님의 진노를 피하여, 하나님의 모든 선하신 성품을 누릴 수 있게 되었습니다. 이제 하나님은 성도들에게 미소를 지으십니다. 그러니 세상에서 고난을 당하더라도, 고난의 종류는 같을지라도, 그 고난의 이유는 현저히 달라졌습니다.

그렇다면 하나님은 우리를 어떻게 살리십니까? 죄와 허물로 죽은 사람은 영적인 감각이 없습니다. 그는 자신이 죽었다는 사실조차 모릅니다. 그는 하나님께 아무런 관심도 없고, 매력도 느끼지 못합니다. 그는 세상에서 아름답고 멋진 사람, 모든 이에게 친절을 베푸는 천사 같은 사람으로 보일 수 있습니다. 하지만 하나님에 대해서는 관심도 없고 하나님을 인식하지도 못하니, 그분에게는 어떤 친절도 베풀지 못합니다. 이렇게 죽은 영혼에는 생명과 진리를 대적하는 면역 체계가 있기에, 하나님은 생명 이식 수술을 통해 그를 살리십니다. 그래서 기존 면역 체계를 무너뜨리고, 죄를 거부하며, 거룩한 하나님을 받아들이는 새로운 면역 체계를 갖게 됩니다.

우리에게는 죄악의 면역 체계가 있었습니다. 영혼의 골수에서 생산하는 피가 죄를 사랑하고 거룩한 것을 대적하는 백혈구를 가지고 있기 때문입니다. 하나님의 진리가 들어오면 적으로 인식하여 대적합니다. 이것이 죽은 자의 상태이며, 중생 이전 우리의 상태였습니다. 그러나 하나님은 창세전에 선택하신 사람들에게 새로운 골수를 넣으십니다. 거룩한 하나님의 골수, 하나님의 DNA가 들어 있는 골수 이식이 시작됩니다. 죄악의 DNA를 담고 있던 골수를 제거하고, 거룩한 하나님의 골수를 넣는 것입니다. 이것이 우리 영혼의 척추에 이식

되어, 우리는 새로운 사람으로 만들어져 갑니다. 영혼의 새로운 골수에서 하나님의 DNA를 담은 혈액이 나와 우리의 영혼 구석구석에 전파됩니다.

이제 진리를 대적하는 면역 체계가 무너지기 시작합니다. 하나님의 진리를 막는 악한 체계가 급속히 무너지게 됩니다. 그리고 하나님의 말씀을 받아들일 수 있는 면역 체계가 생겨납니다. 하나님의 말씀이 들어올 때 그것을 진리로 인식하여 더이상 이질적인 것으로 여기지 않게 됩니다. 복음으로 인해 그 사람의 영혼에 반응이 일어나기 시작합니다. 거부 반응이 아니라, 그 복음이 착상되어 역사하는 반응입니다. 새롭게 된 거룩한 면역 체계 위에 믿음이라는 반응이 일어나는 것입니다. 그리고 이 면역 체계는 다시 한번 믿음으로 말미암아 강화되기 시작합니다. 그래서 죄와 싸울 수 있는 힘을 갖게 됩니다. 믿음은 복음과 더불어 진리를 담고, 영혼의 구석구석으로 진리를 전달하여 영양분을 공급합니다. 그래서 하나님의 말씀을 믿음으로 받아 하나님을 닮은 신자의 모습으로 나아가게 됩니다.

이때 이 믿음의 면역 체계는 두 적과 싸우게 됩니다. 하나는 이미 생산되어 영혼의 혈관에 흐르고 있는 혈액으로, 과거의 골수가 이전에 만들어 냈던 죄의 성분입니다. 다른 하나는 외부에서 새롭게 들어오는 죄의 성분입니다. 이미 우리의 골수가 변화되었기 때문에 이 싸움은 반드시 승리하게 되지만, 그럼에도 이 두 종류의 죄의 세력과 계속 싸우게 됩니다. 때때로 우리 영혼에 남아 있던 죄악의 세력이 외부에 있는 사탄과 힘을 합쳐 기승을 부리기도 합니다. 그리하여 마치 죽은 자와 같이 질병에 신음할 때도 있습니다. 혼수상태가 될 때도 있습니다. 하지만 결코 죽지 않습니다. 우리 영혼의 골수가 끊임없이 거룩한 혈액을 생산하기 때문입니다.

그렇다면 이 새로운 골수는 어디에서 왔을까요? 바로 예수 그리스도입니다. 아무에게서나 이 골수를 가져올 수 없습니다. 그 어떤 사람도 이런 거룩한 영적 골수는 없기 때문입니다. 모든 인간은 진리를 거부하는 부패한 본성을 가지고 있기 때문에, 이식해 봐야 여전히 죽음에 머무를 뿐입니다. 그래서 하나님은 그리스도를 보내셨습니다. 우리에게 자기 골수를 이식해 주시기 위해, 그분은 우리와 같은 존재가 되셨습니다. 혈액형도 맞추고 여러 가지 거부반응이 일어나지 않도록, 그분은 완전한 인간이 되셨습니다. 가장 완전하고 거룩하고 순결한 인간이 되셨습니다. 그분의 거룩한 골수를 채취하는 수술대는 십자가였습니다. 십자가에서 주님은 자기 몸과 영혼을 지옥의 심판에 내주심으로 그 고통스러운 골수 채취의 수술을 마치셨습니다. 자신의 죽음으로 우리를 살리신 것입니다. 이렇게 그리스도의 골수가, 그리스도의 피가 우리의 것이 되었습니다. 그래서 우리는 그리스도를 닮아가고, 그와 연합하고, 그와 더불어 살고, 그분이 계시는 곳에 우리도 있게 됩니다. 성부께서 십자가의 수술대에 누운 그리스도에게서 골수를 채취하는 수술을 하셨고, 성령께서는 그것을 택함 받은 모든 사람에게 이식하십니다. 그리하여 성부와 성자와 성령 삼위일체 하나님의 생명 이식 수술이 완성됩니다.

신자가 살아가야 하는 삶

이처럼 말할 수 없이 놀라운 생명을 받은 신자들, 그리스도의 거룩한 골수를 이식 받은 신자들은 어떻게 살아야 할까요?

첫째, 먼저 우리는 죽었다가 살아난 사람이라는 것을 기억해야 합니다. 우리는 본래 살았던 사람이 아닙니다. 계속 죽은 상태에 있었다면 그 죽음이 얼마나 비참했을지 우리는 잘 알고 있습니다. 하나님의 은혜에서 멀어져 진노를 받을 수밖에 없고, 만복의 근원이시며 모든 선의 원천이 되시는 하나님에게서 아무런 선도 누릴 수 없었습니다. 그것이야말로 지옥이었습니다. 그러니 우리는 겸손해야 합니다. 우리는 원래 생명이 있던 자가 아닙니다. 우리는 본래 죽은 사람이었습니다.

둘째, 그러므로 우리의 삶에 어떤 일이 있더라도 감사해야 합니다. 어려움이 있더라도 절망하지 말아야 합니다. 우리는 이미 새로운 생명을 얻은 사람입니다. 지금 사는 형편이 아무리 힘들더라도, 단 한 순간도 하나님의 은혜와 은총에서 멀어지는 일이 없습니다. 설령 신자로서 우리가 거의 죽음의 상태에 있다 하더라도, 여전히 은혜로 함께 하시며, 적당한 때에 다시 힘을 주실 하나님을 믿어야 합니다.

셋째, 세상에서 유력한 사람들을 부러워하지 말고 오히려 긍휼히 여기며 살아야 합니다. 그들이 지금은 대단해 보이고, 가장 활발한 생명력을 갖고 있는 것 같아도, 영적으로는 죽은 상태입니다. 하나님이 주시는 일반적인 은혜를 누리고는 있지만, 새 생명을 받아 그 영혼이 살지 않으면 결국에는 하나님의 모든 은혜와 선하심이 제거되고 하나님의 공의만 경험하는 날을 마주하게 될 것입니다. 게다가 그들의 번영이 생명이신 그리스도께 나아가는 것을 방해하고 있으니, 그것이 도리어 불행이 아니고 무엇이겠습니까!

넷째, 우리의 악한 습관을 끊어버려야 합니다. 우리는 한때 허물과 죄로 죽어 있었습니다. 원죄뿐만 아니라 우리가 짓는 모든 죄악은, 본성의 부패를 더욱 심화시켜 하나님께 나아가는 것을 더 어렵게 만들었습니다. 지금 우리가 은혜 안에 있지만, 우리의 영혼이 지속적으로 죄에 노출되고, 세상의 풍조를 따라간다면, 점점 더 회복되기 어려운 상태가 됩니다. 물론 죽지는 않으며, 그리스도께서 다시 힘을 주시겠지만, 그때까지 신자들은 은혜를 누리지 못하는 비참한 삶을 살게 됩니다. 이처럼 많은 신자들이 하나님의 은혜와 자비를 충분히 누리지 못하고 살 때가 많습니다. 하나님에게서 멀어질수록 우리힘으로 돌아오기가 어려워지기에, 하나님은 더 큰 징계를 가하시게 됩니다. 그렇게 해서라도 돌아와야 하니까요. 그러니 무릇 지킬 만한 것보다 더욱 우리의 마음을 지키며, 악한 습관을 끊어버려야 합니다.

다섯째, 생명을 향해 나아가야 합니다. 우리에게는 예수님의 골수가 있고, 그분의 피가 흐르고 있습니다. 이제 우리의몸은 우리의 것이 아닙니다. 우리는 그리스도의 지체가 되었습니다. 그러니 죄를 짓지 않는 정도에 머무르지 말고, 믿음으로 생명을 향해 더 힘차게 나아가야 합니다. 부르심을 따라 그분의 이름에 부끄럽지 않도록 살 때, 생명이신 주님을 바라보며 거기서 소망을 발견해야 합니다. 그분이 계신 곳에 우리도있기 때문입니다. 비록 고난 가운데 있다 할지라도 그리스도께서 계신 하늘을 바라보십시오. 영원한 생명이 있는 그곳을 향해 나아가십시오.

나눔을 위한 질문

1 에베소서 1장 22-23절은 세상은 비어 있으며, 오직 그리스도만이 이 세상을 채울 수 있다고 합니다. 그렇다면 그리스도를 충만케 하는 것은 무엇입니까?

2 교회가 그리스도를 충만하게 한다면, 그 방법은 무엇입니까?

3 교회를 이루는 신자에게 소명은 세 가지 영역에서 주어집니다. 그 세 가지 영역은 무엇입니까?

4 교회로의 부르심은 무엇이며 이를 일반소명이라고 부르는 이유는 무엇입니까?

5 죽었던 영혼이 살아나는 일반소명, 곧 교회로의 소명을 받은 자들이 거룩한 삶을 살기 위해서 힘쓸 수 밖에 없는 이유는 무엇입니까? 생명이식수술과 관련하여 설명해 보세요.

11장

신자에게 주어진 특별한 소명
(에베소서 5:21)

[21]그리스도를 경외함으로 피차 복종하라

(에베소서 5:21)

하나님은 모든 성도들을 교회로 부르십니다. 이 교회로의 부르심은, 신자로의 부르심이요, 참된 생명을 가진 자로의 부르심입니다. 동시에 이는 새로운 삶으로의 부르심입니다. 에베소서 2장 10절은 이에 대해 귀한 진리를 알려줍니다. 하나님은 선한 일을 위하여 우리를 부르셨습니다.

이 사실은 두 번째와 세 번째 소명, 곧 (구지의 분류에 따르면) 특별한 소명으로 우리를 인도합니다. 바로 가정과 세상에 대한 소명입니다. 우리는 일반적 소명인 교회로의 소명을 통해, 가정과 세상으로의 부르심을 감당할 능력을 배양합니다. 신자로 부름 받은 소명은 이 두 가지 특별한 소명의 기초가 됩니다. 하나님의 백성이 되면, 교회 밖의 세상을 향해 나아가게 됩니다. 이것이 인간에게 본래 주어졌던 예배이자 소명이었습니다. 곧 "그대로 되니라"의 소명입니다. 타락 이전에 우리의 첫 조상이 에덴에서 잠시 수행했던 놀라운 통치의 사역입니다. 하지만 죄가 들어와 그 모든 것이 어그러졌습니다. 세상은 그대로 되지 않았습니다. 소명이 사라지면서 예배는 중단되었습니다. 그렇다면 하나님의 계획은 사탄으로 인해 망가진 것일까요? 인간으로 인해 폐기된 것일까요? 그렇지 않습니다. 만약 그랬다면 하나님은 전능하신 분이라 할 수 없을 것입니다. 인간의 타락에도 불구하고 하나님의 계획은 한 치의 오차도 없이 진행되고 있습니다. 그 계획, 곧 인간을 통해 세상을 다스리기를 원하셨던 하나님의 계획은 반드시 성취될 것입니다.

그 일이 어떻게 가능해질까요? 바로 예수 그리스도 때문입니다. 하나님은 그 아들 예수 그리스도를 이 땅에 보내셔서, 새 언약을 맺게 하시고, 십자가 죽음으로 자기 백성들의 모든 죄를 사하시고, 그분을 믿는 자들에게 하나님의 자녀가 되는 권세를 주셨습니다. 그분의 친아들과 연합한 우리도 아들이 되게 하신 것입니다. 사도는 에베소서를 통해 예수 그리스도가 머리이며, 교회가 그분의 몸이 되었다고 합니다. 그리스도와의 연합을 통하여 신자는 그리스도와 하나가 됩니다. 이제 신자는 세상을 다스리고 정복하는 역사, 텅 빈 세상을 충만하게 하는 역사를 그리스도 안에서 이루어 갑니다. 이를 위해 주님은 우리에게 소명을 주셨습니다. 선한 일을 행하도록 우리를 부르셨습니다. 곧 하나님의 뜻이 이 땅을 다스리도록 말입니다.

세상을 다스리고 채우는 방법

그렇다면 신자는 세상을 어떻게 다스릴까요? 신자는 돈과 명예와 권세와 폭력으로 세상을 다스리지 않습니다. 우리는 그리스도와 동일한 방식으로 이 세상을 다스립니다. 복음으로 다스립니다. 사랑으로, 정의로, 거룩으로, 용서로, 거룩한 분노로 세상을 다스립니다. 그리스도께서 가셨던 십자가의 길도 마다하지 않는 희생으로 세상을 다스립니다. 하나님의 법을 따라, 하나님의 뜻을 좇는 방식으로 세상을 다스립니다. 삼십삼 년간 성부께 순종했던 그리스도처럼, 그의 몸인 신자들도 하나님의 뜻에 순종하며 이 세상을 다스립니다. 그래서 그리스도는 제자들에게 "뜻이 하늘에서 이루어진 것 같이 땅에서도 이루어지이다"라는 기도를 가르치셨습니다.

저 하늘에서는 하나님의 뜻이 완전하게 이루어집니다. 하나님의 뜻에 저항하는 세력도, 하나님의 뜻을 방해할 죄도 존재하지 않기 때문입니다. 하나님의 계획은 저 하늘처럼 이 땅에서도 하나님의 완전한 통치가 이루어지는 것입니다. 신자들이 받은 부르심은 바로 이를 위한 것입니다. 우리도 같은 것을 소망합니다. 신자의 임무는 이 땅이 저 하늘과 가까워지게 하는 것입니다. 바울은 에베소서에서, 하늘에 있는 것과 땅에 있는 것이 통일되게 하려고 그리스도를 통해 우리를 구속하셨다고 합니다. 이것이 우리의 소명입니다. 언젠가 하늘과 땅이 하나님의 뜻으로 통일될 날이 올 것입니다(엡 1:10). 교회는 이를 위해 부름 받아 달려가는 존재입니다. 그러나 교회의 수고가 그것을 온전히 이뤄낼 수는 없습니다. 최종적인 통일은 머리이신 그리스도께서 재림하실 때 완성됩니다.

이제 우리는 물어야 합니다. 우리는 과연 세상을 다스리며 텅 빈 세상을 채워나가고 있습니까? 우리가 사는 땅은 저 하늘과 가까워지고 있습니까? 최종 완성은 그리스도께서 이루시겠지만, 지금 우리는 그 방향을 향해 달려가고 있습니까? 혹여 이 세상을 다스리기는커녕 세상의 노예로 살아가고 있지는 않습니까? 하나님의 법이 아니라 세상의 법을 좇기에 바쁘지 않습니까? 무엇을 추구하고 있습니까? 그것은 세상과 얼마나 구별된 것입니까? 우리가 즐거워하는 것은 세상과 다릅니까? 우리가 미워하는 것은 세상과 다릅니까? 교회 안에는 세상과 다른 원리가 역사하고 있습니까? 그래서 우리는 진정으로 세상을 채워가고 있습니까? 아니 오히려 교회가 세상을 더욱 비게 만들지는 않습니까? 신자로서 세상 가운데 소금과 빛의 역할을 감당하고 있습니까?

우리는 세상을 다스리며, 텅 빈 세상을 진리로 가득 채워야 합니다. 충만하게 해야 합니다. 이는 교회를 키운다고 되는 것이 아닙니다. 교회를 크게 짓고, 기독교인의 숫자가 많으면 무엇을 할 수 있습니까? 세계에서 가장 큰 교회 10개 중에 6개가 대한민국에 있다지만, 과연 이 나라는 하나님의 복음이 역사하는 곳이라 할 수 있습니까? 온 유럽이 기독교였던 중세 시대의 세상은 과연 충만했다고 말할 수 있습니까?

종교적인 삶을 열심히 사는 것이 곧 세상을 다스리는 것은 아닙니다. 한국 교회는 세상 어느 곳보다 열심히 예배당에 모입니다. 세계 어떤 교회보다 열심히 모여 기도합니다. 이런 한국 교회가 이 세상을 진정한 의미에서 채우고 있습니까? 왜 기도하며, 왜 헌금합니까? 대부분은 나와 내 가족이 잘 먹고 잘 사는 게 목적 아닙니까? 과연 이런 교회를 통해 세상과 그리스도가 충만해질 수 있겠습니까? 오히려 교회는 세상의 조롱거리가 되고 있습니다. 유명인들 중에 교인이 많아질수록, 위정자들 중에 교인이 늘어날수록, 교회는 세상을 다스리고 채우는 것이 아니라 오히려 세상을 비게 하고 있지 않은가요? 대한민국에 교회를 다닌 대통령이 여러 명 있었고, 신자를 자처하는 정치인들이 수도 없이 많았지만, 그들을 통해 이 나라가 하나님이 보시기에 충만해졌습니까? 국회의원의 절반에 가까운 이들이 자신의 종교를 기독교라고 써 놓았지만, 과연 그들은 하나님의 뜻을 따라 이 땅을 다스리고 있습니까? 그 권세의 자리에서 복음에 합당하게 살아가고 있습니까? 이제 사회 각계의 지도층 가운데 기독교인들은 더 이상 비주류가 아닙니다. 그러나 이 사회는 충만함과는 거리가 더 멀어지지 않았습니까?

그러므로 세상을 다스리는 일을 그저 권세가들에게만 맡겨 놓을 수 없습니다. 왜냐하면 그 일은 권세 있는 몇몇 이름

뿐인 교인들에게 맡겨진 것이 아니라, 진정한 교회, 대다수가 이름 없이 빛도 없이 살아가는 거듭난 신자들로 이루어진 교회에게 주어졌기 때문입니다. 신자들은 하나님이 부르신 그 자리에서 세상을 다스립니다. 어떤 한 사람이 아니라 그리스도께서 모든 지체들을 통해 세상을 다스립니다. 신자들이 각자의 자리에서 하나님의 뜻을 좇아 살아가며, 발을 딛고 서 있는 그곳이 하나님께서 명하신 "그대로 되기를" 기도하며 싸워나가는 것입니다. 이것이 우리가 받은 예배의 소명입니다. 그러므로 우리의 참된 소명은 가정과 직장에 있습니다. 누구에게나 가정과 일터가 있습니다. 가정과 일터야말로 우리가 대부분의 시간을 보내는 하나님의 특별 소명의 장소입니다. 설마 하나님이 우리를 그런 곳에 아무 이유 없이 두셨겠습니까?

가정으로의 부르심

그렇다면 가정에서 우리는 어떻게 살아야 할까요? 하나님은 우리를 가정으로 부르셨습니다. 가정은 자연적으로 생겨난 집단이 아닙니다. 가정은 하나님이 세우셨습니다. 그것도 참된 교회의 모델로 세우셨습니다. 이 땅에서 성경적인 원리가 통하는 곳으로 세운 곳이 가정입니다. 오늘날 가정은 사사로운 영역으로 치부됩니다. 그 중요성이 사적인 영역으로 제한된 가정은 그 사회적 가치를 무시당하고 있습니다. 그 이유는 간단히 두 가지로 요약됩니다. 먼저, 오랜 기독교 신앙의 역사를 가진 서양 사회보다는 국가와 민족이라는 공동체적 정체성을 강조했던 전통의 영향입니다. 예로부터 선공후사(先公後私)는 한국 사회에서 미덕으로 여겨졌고, 가정은 사사로운 영역으로 간주되었습니다. 그 결과 가정을 가꾸고 돌보는 일보다는 사회적인 역할을 감당하는 것을 더 큰 미덕으로 여기곤 했습니다. 심지어 가정을 희생하면서 사회적인 업적을 이루는 것을 더 큰 성취로 보는 경향마저 있었습니다. 둘째는 현대 세속주의의 영향입니다. 가정을 해체하려는 현대의 세속적 사상은 우리가 생각하는 것보다 더 큰 영향력을 행사하고 있습니다. 희생을 각오하고 지켜야 할 정도로 가정을 중요하게 보는 성경적 가정관과는 다르게, 가정이 필요에 따라 해체될 수 있고, 자기 편의와 만족을 위해 포기해도 되는 것으로 보는 사상이 점점 큰 힘을 얻고 있습니다. 다양한 매체를 통해 침투하는 타락한 성문화는 가정의 기초를 이루는 결혼과 부부 관계의 가치를 평가절하 하는 데 결정적인 역할을 하고 있습니다.

하지만 성경은 가정의 중요성을 매우 강조합니다. 성경은 가정이 사람들의 필요에 의해서 세워진 것이 아니라, 하나님이 친히 세우신 기관이라고 말합니다. 교회를 통해서 세상을 충만하게 하시는 것이 하나님의 계획인데, 이 교회의 기초가 바로 가정인 것입니다. 가정은 단순히 물리적 의미에서 교회의 기초 단위일 뿐만 아니라, 참 교회의 원리가 가장 잘 실현되어야 할 곳이기도 합니다. 왜냐하면 가정은 사랑의 공동체이기 때문입니다. 가족 안에 있는 본성적인 사랑은 희생과 수고와 훈계를 가능하게 합니다. 가정이야말로 하나님께서 자기 백성들을 만들어 내는 영혼의 모판입니다.

에베소서 5장 21절에는 우리 소명의 근본 원리가 기록되어 있습니다. 바로 "그리스도를 경외함으로 피차 복종하라"는 명령입니다. 이것이 이루어지지 않으면 교회는 세상을 다스릴 수 없습니다. 그런데 피차 복종하는 일은 사랑 없이는 불가능합니다. 그래서 가정이라는 단위를 주신 것입니다. 우리는 어릴 적부터 가정을 통해 본능적으로 사랑을 배웁니다. 가정에는 용서가 있고, 희생과 수고가 있습니다. 특히 부모는 자녀를 사랑합니다. 약할수록 대접 받는 곳이 가정입니다. 우리는 가정을 통해 교회의 원리를 배우고, 가정을 통해 세상 사람들을 대하는 원리를 배웁니다. 무엇보다 가정이야말로 신앙이 전달되고 생명이 탄생하는 곳입니다. 신앙은 가정을 통해 전수됩니다. 왜냐하면 생명은 사랑 가운데서 피어나는 꽃과 같기 때문입니다. 그리스도의 사랑과 희생을 통해 우리가 태어났듯이, 영적인 생명은 사랑의 수고와 희생과 헌신이 없으면 탄생할 수 없습니다. 이를 위한 가장 완벽한 장소는 가정입니다. 신자의 가정은 보통 자녀와 오랜 시간을 보냅니다. 부모에게는 자녀를 믿음으로 양육할 수 있는 많은 시간이 있습니다. 본을 보일 수도 있습니다. 권위도, 사랑도 있습니다. 그러므로 참된 회심과 중생이 일어날 수 있는 가장 좋은 곳이 바로 가정입니다. 누가 내 자녀를 위해 울겠습니까? 누가 내 자녀를 위해서 수고하겠습니까? 믿는 부모가 그 일을 합니다.

뿐만 아니라 가정은 믿음과 삶을 일치시킬 수 있는 가장 좋은 곳입니다. 주일에 예배당에 와서 강대상에 서 있는 목사에게만 믿음을 배우면 믿음과 삶이 분리되기 쉽습니다. 하나님을 종교로 섬기게 될 가능성이 큽니다. 하지만 가정에서는 삶의 예배를 배웁니다. 그러므로 모든 부모는 신자로서, 모범적인 신앙인이 되기 위해 온 힘을 기울여야 합니다. 그리스도인 부모는 먼저 하나님께서 자신을 가정으로 부르셨다는 사실을 절실히 깨달아야 합니다. 이 소명은 결코 포기해서는 안 되는 것입니다. 복된 가정을 파괴하고 가정을 인간의 필요에 따라 재정의하려는 시도는 중단되어야 합니다.

그런데 여기서 주의해야 할 것이 있습니다. 부모가 자녀들을 자기 소유로 여겨서는 안 된다는 것입니다. 자녀의 주인은 하나님입니다. 우리는 그들을 잘 양육하여 참 아버지께 돌려보내야 합니다. 자녀가 내 것이 아니기에 신자는 정성껏 자녀를 양육해야 합니다. 그래서 성경은 부모들에게 자녀를 노엽게 하지 말라고 합니다(엡 6:4). 그리고 자녀들이 나보다 더욱 하나님을 사랑하고 예배하는 자가 되기를 소망하며 기도해야 합니다. 그들은 언젠가 가정을 벗어나 세상에 나가야 하고 또 그곳에서 예배해야 합니다. 세상을 정복하고 다스리는 사람이 되어야 합니다. 텅 빈 세상을 채우는 이가 되어야 합니다. 그런 자녀가 되도록 기도하고 양육하는 것, 바로 이것이 하나님께서 부모에게 주신 소명이며, 가정에서 부모로서 하나님을 예배하는 방법입니다. 이를 위해서는 가정을 이루는 결혼의 원리부터 알아야 합니다. 결혼이 무엇이며 부부란 무엇인지, 그 신적인 기원과 원리를 깨달아야 하며, 자녀 양육의 원리도 배우고 익혀야 합니다. 이를 위해 우리는 성경을 연구해야 합니다. 성경을 통해 우리를 가정으로 부르신 하나님의 뜻을 알 수 있기 때문입니다. 교회는 가정을 든든히 하는 사역을 해야 합니다. 이는 교회에 주어진 가장 본질적인 사명입니다. 이를 위해 가장이 제 역할을 다하도록 그들을 가르치고, 세우고, 훈련시키고, 돌봐야 합니다. 이것이 일반적인 부르심의 영역인 교회가 특별한 부르심의 영역인 가정을 섬기는 방식입니다.

직업으로의 부르심

하나님은 우리를 세상으로도 부르셨습니다. 이는 우리를 직업으로 부르셨다는 말입니다. 우리 신앙의 선배들은 이것을 "직업 소명"이라고 표현했습니다. 가정과 교회에서 믿음을 잘 배운 사람들은 세상으로 나가야 합니다. 세상은 우리가 예배하는 주 무대이기 때문에 우리는 세상을 채워야 합니다. 우리는 하나님의 법으로 세상을 다스려야 합니다. 세상이 그리스도의 발아래 있도록 해야 합니다. 우리가 거하는 바로 그 현장에서 그 일을 감당해야 합니다.

하나님께서 우리를 지금 이 자리에 두신 것은 하나님의 뜻이 있기 때문입니다. 우리 마음대로 거기까지 온 것이 아닙니다. 각자의 형편이 어떻든지 하나님이 허락하셨기에 그 자리에 있는 것입니다. 좋은 자리든 좋지 않은 자리든 하나님께서 그리로 부르셨거나, 하나님의 섭리의 결과로 그곳에 있는 것입니다. 그러므로 우리는 모든 것을 잠시 멈추고, 우리를 향한 하나님의 뜻을 찾고 분별해야 합니다.

그런 가운데 우리는 먼저 세상의 연약함과 악함을 인식해야 합니다. 우리가 그 세상을 따르는 것은 세상을 충만하게 하는 것이 아님을 알아야 합니다. 우리는 이 세상의 판단을 받을 존재가 아니라 이 세상을 판단해야 할 존재임을 명심해야 합니다. 그런데 스스로 이 세상의 통치 아래로 들어가려 하는 이들을 어렵지 않게 볼 수 있습니다. 교회가 성도들 간의 신앙적인 문제마저 세상 법원의 판단을 구하는 실정입니다. 교회가 세상 사람들에게 잘 보이고 인정받고 싶어 합니다. 세상을 긍휼히 여기는 것이 아니라 부러워하는 일들이 비일비재합니다. 하나님은 우리에게 명하셨습니다. "너희 중에 누가 다른 이와 더불어 다툼이 있는데 구태여 불의한 자들 앞에서 고발하고 성도 앞에서 하지 아니하느냐 성도가 세상을 판단할 것을 너희가 알지 못하느냐 세상도 너희에게 판단을 받겠거든 지극히 작은 일 판단하기를 감당하지 못하겠느냐... 형제가 형제와 더불어 고발할 뿐더러 믿지 아니하는 자들 앞에서 하느냐 너희가 피차 고발함으로 너희 가운데 이미 뚜렷한 허물이 있나니 차라리 불의를 당하는 것이 낫지 아니하며 차라리 속는 것이 낫지 아니하냐 너희는 불의를 행하고 속이는구나 그는 너희 형제로다(고전 6:1-8)"

이 말씀은, 신자들이 속임과 불의를 당했다고 불신자에게 판단을 받느니, 차라리 속아주고 불의를 당하는 것이 낫지 않겠냐고 우리에게 도전합니다. 우리가 예수를 믿는다는 것이 얼마나 복된 것이고, 고결한 것이며, 자랑스러운 것인지 모르면, 오히려 세상에 주눅 들고, 기죽어 있게 됩니다. 세상이 나의 믿음을 귀하다고 여겨주기를 구걸하는 것은, 그들을 부러워함으로 스스로 그들 아래 있음을 자처하는 행위일 뿐입니다.

우리 주님은 그 십자가의 수치를 당하면서도 자신의 무죄를 호소하거나, 풀어달라고 간청하거나, 자신을 팔아넘긴 제자에게 분노를 표출하지 않으셨습니다. 그분은 세상의 판단을 구하지 않았습니다. 오로지 하늘 법정에 호소하셨습니다. 영원하신 재판장의 판단만을 구하셨습니다.

우리가 신자로서 세상을 살며 예배하는 것도 이와 같습니다. 얼마나 억울한 일이 많은지, 당장 법정에 고소해서 내 권리를 찾고, 내 억울함과 의로움을 인정받고 싶을 때가 많을 것입니다. 하지만 우리는 세상의 불완전한 판단보다는 의로우신 재판장의 완전한 판단을 믿는 사람들입니다. 우리는 세상 사람에게 의로운 판단을 구걸하지 않습니다. 내가 의롭다고 판정받기 위하여 그리스도를 욕되게 하지 않습니다. 이 세상을 충만하게 하는 것은 사람이 아니라 그리스도이시기 때문입니다. 이 세상은 이런 주님의 제자들로 말미암아 충만해질 것입니다.

나눔을 위한 질문

1 신자가 그리스도와 같은 방식으로 이 세상을 채우게 되는 이유는 무엇입니까?

2 신자는 어떻게 세상을 다스리고 채울 수 있습니까??

3 가정으로의 부르심은 무엇이며, 그것을 이루기 위해서 여러분이 해야 할 일은 무엇입니까?

4 하나님께서 여러분에게 직업을 주신 이유는 무엇이며, 직업을 통한 소명을 이루기 위해 여러분은 무엇을 해야 할까요?

12장

내가 정산하리라
(마태복음 25:14-30)

12. 내가 정산하리라

14또 어떤 사람이 타국에 갈 때 그 종들을 불러 자기 소유를 맡김과 같으니

15각각 그 재능대로 한 사람에게는 금 다섯 달란트를, 한 사람에게는 두 달란트를, 한 사람에게는 한 달란트를 주고 떠났더니

16다섯 달란트 받은 자는 바로 가서 그것으로 장사하여 또 다섯 달란트를 남기고

17두 달란트 받은 자도 그같이 하여 또 두 달란트를 남겼으되

18한 달란트 받은 자는 가서 땅을 파고 그 주인의 돈을 감추어 두었더니

19오랜 후에 그 종들의 주인이 돌아와 그들과 결산할새

20다섯 달란트 받았던 자는 다섯 달란트를 더 가지고 와서 이르되 주인이여 내게 다섯 달란트를 주셨는데 보소서 내가 또 다섯 달란트를 남겼나이다

21그 주인이 이르되 잘하였도다 착하고 충성된 종아 네가 적은 일에 충성하였으매 내가 많은 것을 네게 맡기리니 네 주인의 즐거움에 참여할지어다 하고

22두 달란트 받았던 자도 와서 이르되 주인이여 내게 두 달란트를 주셨는데 보소서 내가 또 두 달란트를 남겼나이다

23그 주인이 이르되 잘하였도다 착하고 충성된 종아 네가 적은 일에 충성하였으매 내가 많은 것을 네게 맡기리니 네 주인의 즐거움에 참여할지어다 하고

24한 달란트 받았던 자는 와서 이르되 주인이여 당신은 굳은 사람이라 심지 않은 데서 거두고 헤치지 않은 데서 모으는 줄을 내가 알았으므로

25두려워하여 나가서 당신의 달란트를 땅에 감추어 두었나이다 보소서 당신의 것을 가지셨나이다

26그 주인이 대답하여 이르되 악하고 게으른 종아 나는 심지 않은 데서 거두고 헤치지 않은 데서 모으는 줄로 네가 알았느냐

27그러면 네가 마땅히 내 돈을 취리하는 자들에게나 맡겼다가 내가 돌아와서 내 원금과 이자를 받게 하였을 것이니라 하고

28그에게서 그 한 달란트를 빼앗아 열 달란트 가진 자에게 주라

29무릇 있는 자는 받아 풍족하게 되고 없는 자는 그 있는 것까지 빼앗기리라

30이 무익한 종을 바깥 어두운 데로 내쫓으라 거기서 슬피 울며 이를 갈리라 하니라

(마태복음 25:14-30)

You are created for worship

어느 날 주인이 종들을 불러 모았습니다. 주인은 자신이 멀리 타국에 다녀올 동안 자기 소유를 종들에게 맡겨 자기 대신 재산을 관리하게 합니다. 이 예화는 우리에게 몇 가지 분명한 사실을 알려줍니다. 첫째, 하나님은 종들에게 달란트를 주셨습니다. 둘째, 하나님은 종들에게 일을 맡기셨고, 종들은 그 달란트를 활용하여 일해야 합니다. 셋째, 반드시 정산할 날이 올 것입니다. 이는 중요한 세 가지 진리를 가르쳐 줍니다.

1. 하나님께서 자녀로 부르셨음을 믿으라.

본문의 예화에서 주인은 떠나기 전에 종에게 자기 소유를 맡깁니다. 단지 소유를 지키는 것이 아니라, 그것을 활용하여 이익을 남기라고 합니다. 이는 평범한 요구가 아닙니다. 종에 대한 신뢰가 있어야 가능합니다. 그 종을 자녀처럼 생각해야 하는 것입니다. 누군가에게 돈을 투자하는 경우는 딱 두 가지입니다. 첫째는 그 사람의 재능을 신뢰하는 경우입니다. 돈을 주면 남길 것이라는 확신이 있는 것이지요. 둘째는 자녀인 경우입니다. 돈을 남기지 못해도 상관없습니다. 능력이 있기 때문이 아니라 자녀이기 때문에 자기 재산을 맡기는 것입니다. 이때 자녀는 그저 성실히 최선을 다하기만 하면 됩니다.

본문은 둘 중 어떤 경우일까요? 이익을 바라고 투자한 것이라면, 혹은 주인이 이익을 기대했다면, 얼마를 남겼느냐에 민감해야 할 것입니다. 그러나 주인이 책망한 것은 노력하지 않고 성실하게 일하지 않은 것입니다. 돈을 잃어서가 아닙니다. 그렇다면 주인은 애초에 돈을 남기기 위해서가 아니라, 자기 자녀들처럼 여기며 종에게 돈을 준 것입니다. 하나님의 참 자녀는 받은 달란트를 잘 활용합니다. 참 자녀는 하나님이 재능을 주시는 분명한 이유와 목적이 있다고 여깁니다. 하나님의 자녀들만이 자신의 재능을 어떻게, 왜, 누구를 위해 써야 하는지 압니다. 본문에서 이익을 남긴 종들은 주인이 무서워서 일한 것이 아닙니다. 그들은 주인의 뜻을 알고 일했습니다. 이윤의 관점에서 보면, 일하지 않은 종처럼 그냥 묵혀 둬도 괜찮았을지 모릅니다. 하지만 주인의 뜻은 그렇지 않았습니다. 주인은 종들이 자신을 어떻게 여기는지 보고자 한 것입니다. 주인을 볼 때 노예의 주인으로 보느냐, 자신을 잔치에 참여시키고 재산을 물려주는 아버지로 보느냐의 차이입니다. 아버지로 보는 사람은 주인을 위해 일합니다. 노예를 부리는 주인으로 보는 사람은 자신을 위해 일합니다.

그러므로 진정 하나님의 부르심을 알고 하나님을 위해 일하는 사람이 되려면, 먼저 하나님의 자녀가 되어야 합니다. 거듭나야 합니다. 그분을 노예 다루는 주인으로 알면 악한 종과 같이 됩니다. 하지만 그분을 사랑하는 아버지로 알면 소명을 따라 살게 됩니다.

2. 하나님은 모든 자녀들에게 소명을 주셨다.

많은 사람들이 좋아하는 시 중에 천상병 시인의 『귀천』이 있습니다.

나 하늘로 돌아가리라
새벽빛 와 닿으면 스러지는
이슬 더불어 손에 손을 잡고,

나 하늘로 돌아가리라.
노을빛 함께 단 둘이서
기슭에서 놀다가 구름 손짓하며는,

나 하늘로 돌아가리라.
아름다운 이 세상 소풍 끝내는 날,
가서, 아름다웠더라고 말하리라......

「귀천」
(『천상병 전집』, (서울:평민사, 2007), 81.)

이 시는 우리의 인생을 어린아이들의 소풍처럼 바라봅니다.

소풍은 어릴 적 우리의 가장 평화로웠던 시절, 가장 행복했던 순간이지요. 사람들은 인생에 지나친 의미를 부여하기 싫어합니다. 수많은 사람이 태어나 극소수를 제외하고는 이름을 내지 못합니다. 그저 현실의 문제와 씨름하다가 이름도 없이 사라집니다. 그렇게 삶의 문제와 씨름하다 사라지는 우리의 삶을 보면, 그저 인생이 소풍이라고 말하는 천상병 씨의 말이 퍽 와 닿습니다. 정말 그랬으면 좋겠다는 마음이 듭니다. 그러나 인생이 소풍이라면, 그냥 와서 놀다 가는 것입니다. 이 소풍에 어떤 부르심과 소명도 없습니다.

하지만 우리의 인생은 그저 놀다 가는 소풍이 아닙니다. 이것은 현실 도피일 뿐입니다. 우리에게는 주인이 있고, 맡겨진 달란트가 있습니다. 바꾸어 말해, 우리에게는 자기 재산을 맡기신 아버지가 있고, 우리를 자녀로 부르신 소명이 있습니다. 우리의 첫 번째 목적은 이익을 남기는 것이 아니라 그 부르심에 합당하게 살기 위해 몸부림치는 것입니다.

이 부르심은 다양합니다. 항상 잘난 사람만 있는 것이 아닙니다. 국가에는 대통령도 있어야 하지만, 국민도 있어야 합니다. 모두 다 대통령이기만 하면 국가는 존재할 수 없습니다. 다 잘난 사람만 있으면 국가는 없습니다. 정치인들이 다 자기 생각이 옳다고 주장하며 싸우기만 하면, 나라가 잘 돌아갈 수 없습니다. 본문에서 주인은 종에게 다양한 달란트를 주었습니다. 어떤 사람에게는 5달란트, 어떤 사람에게는 2달란트, 어떤 사람에게는 1달란트를 주었습니다. 모두 다릅니다. 그러나 모두가 필요합니다.

천국은 아브라함이나 모세나 다윗이나 바울 같은 사람만 들어가는 곳이 아닙니다. 천국은 이름 모를 목동이나 왕궁의 문지기도 들어가는 곳입니다. 그곳에서는 이 땅의 유명세나 지위가 아무런 의미가 없습니다. 이 땅에서 나라를 구했다고 더 위대한 존재로 대접 받는 곳이 천국이 아닙니다.

결과(세상의 평판)가 아니라 동기(시키신 분의 가치)

믿음으로 감당하는 모든 소명은 귀합니다. 앞서 우리는 성령의 인도하심을 받을 때 참된 가치의 질서를 갖게 된다고 했습니다. 이때 우리는 세상이 귀하다고 평가해서 귀한 것이 아니라, 하나님께서 부르셨기에 귀한 일이라는 것을 깨닫습니다. 그 이유는 일의 가치가 일의 결과에 있는 것이 아니라 일을 시키신 이에게 달려 있기 때문입니다. 그러므로 사람이 하는 일의 가치는 세상의 평판(결과)이 아니라 그 일을 어떤 동기(시키신 이에 대한 순종)로 하느냐에 따라 결정됩니다. 그것이 두려움에 떠는 종이 아닌 자녀의 태도입니다. 자신을 부르신 하나님을 사랑하고 신뢰하여 그 부르심을 따라 사는 것이 가장 복되고 가치 있는 것입니다. 아담에게 가장 복된 것은 선악과를 먹지 말라고 하신 그 부르심대로 사는 것이었기에, 그가 그 부르심을 떠났을 때 불행이 찾아온 것은 당연한 결과였습니다.

오늘날 많은 부모들은 자녀를 양육하는 일이 얼마나 귀한지 잘 모릅니다. 자녀를 바르게 양육하는 일보다, 자기 직업으로 이름을 떨치며 세상 사람들에게 부러움과 칭송을 받는 것이 훨씬 더 위대한 일이라고 여깁니다. 하지만 거룩한 하나님의 백성을 양육하는 부모가 되는 것은, 이 세상 그 어떤 일보다 위대한 소명입니다. 이 소명의 중심에는 자녀들을 하나님의 백성이 되도록 만드는 책임이 있기 때문입니다.

하나님께서 맡기신 영혼을 상대적인 의미에서 우리가 책임진다는 것이 얼마나 귀한 일입니까! 보잘것없는 우리에게 피로 값 주고 산 자녀의 영혼을 맡기셨다는 것이 얼마나 복됩니까! 세상에서 나의 영향을 가장 크게 받을 수 있는 사람, 우리가 영혼의 생명을 줄 수 있는 가장 가까운 사람이 우리 자녀라는 사실이 얼마나 감사합니까! 그것은 하나님의 위대한 구원 사역에 동참하는 것입니다. 하나님이 한 생명을 천하보다 귀하게 여긴다면, 바로 우리의 자녀가 천하보다 귀함을 알아야 합니다. 하나님께서 그 귀한 영혼을 구원하는 일에 나를 사용하신다면, 우리는 얼마나 위대한 일에 부름받은 사람입니까!

당신은 왜 직장을 다니며, 사업장을 운영하나요? 돈은 우리에게 필요하지만 가장 필요한 것은 아닙니다. 우리 시간의 대부분을 보내는 직업으로 우리를 부르셨을 때, 하나님은 돈 버는 것을 최우선의 목적으로 두시지 않았습니다. 대신 주님은 먼저 그의 나라와 그의 의를 구하라고 말씀하십니다. 그러면 이 모든 것을 더하십니다. 이 말씀을 하시기 바로 전에 예수님은 하나님이 어떤 분이신지 말씀하셨습니다. 하늘을 나는 새와 들풀도 먹이시는 하나님, 솔로몬의 궁전보다 더 화려하고 신비로운 백합화도 입히시는 하나님이라고요. 돈을 벌어 육신의 생명을 유지하는 것은 직업을 주신 주목적이 아닙니다. 그것이 목적이라면 우리 인생이 너무 허망합니다. 한평생 가장 많은 시간을 들여 수고하며 가꾼 결과가 결국 썩어져 없어질 것에 불과하기 때문입니다.

그래서 우리는 보물을 하늘에 쌓아야 합니다. 그것이 바로 우리의 소명입니다. 지금 일하는 그 직업을 통해, 하나님이 주신 재능을 통해, 그의 나라와 그의 의를 구하십시오. 물론 돈을 억지로 싫어할 필요도 없습니다. 돈 자체는 가치중립적인 것이며 좋아할 수 있는 것입니다. 하지만 그보다 더욱 하나님을 사랑하십시오. 하나님을 깊이 알고 사랑할 때, 돈에 대한 사랑은 빛을 잃게 될 것입니다.

3. 정산할 날이 반드시 온다.

정산할 날이 반드시 온다는 말은, 그저 하나님이 우리에게 상급을 배분해 주시는 날이 온다는 뜻이 아닙니다. 양과 염소를 가르는 날이 온다는 의미입니다. 다시 말해, 종과 자녀를 나누는 날이 온다는 것입니다. 더 직설적으로는, 영원한 운명이 결정된다는 말입니다. 주인은 달란트를 종에게 나눠 줌으로써 자신의 자녀와 종을 구분하십니다. 그렇다면 누가 자녀이고 누가 종입니까? 주인의 달란트를 가지고 주인의 뜻을 따라 열심히 수고하는 자는 아들입니다. 반면에 주인이 준 달란트를 땅에 묻어 놓고, 나머지 시간을 자신을 위해 살아가는 자는 종입니다.

분명한 사실은 반드시 이를 정산할 날이 온다는 것입니다. 기필코 올 것입니다. 본문에 나오는 종은 주인이 오지 않는 시간을 즐겼을 것입니다. 아마 그 시간이 길어질수록 영영 오지 않을지도 모른다는 희망에 사로잡혀 지냈을 것입니다. 그러나 결국에 주인은 돌아왔습니다. 우리 주님도 필히 다시 오십니다. 우리에게 소명을 주시고 예배를 받기 원하시는 주님은 기어코 돌아오셔서, 우리에게 맡기신 모든 것을 정산하실 것입니다.

늦었다고 생각할 때가 가장 빠를 때입니다. 생각 없이 보낸 나날들은 처음부터 내 것이 아니었습니다. 신자의 소명을 깨닫는 순간부터 우리에게는 진정한 인생이 시작됩니다. 그러니 지금부터 하면 됩니다. 아직 당신의 손에 주인의 달란트가 있다면 늦지 않았습니다. 금액이 얼마인지 묻고 따지지 않아도 됩니다. 인생을 살며 달란트를 거의 탕진했더라도 괜찮습니다. 얼마라도 남아 있다면 그 자리에서 묻어버리지 말고 사용하십시오. 주님은 얼마가 남았는지, 언제부터 소명을 감당하기 시작했는지 따지지 않으십니다. 주님은 우리의 고백에 관심이 있으십니다. 주인이 정산할 때, 너무나 죄송하다고, 주인의 뜻을 알지 못하고 인생을 허비해서 너무나 부끄럽다고, 하지만 뒤늦게라도 주인의 뜻을 알고 힘썼노라고, 부족하지만 수고했노라고, 주님의 은혜와 자비를 구한다고 말하는 자들을 주님은 안아주실 것입니다.

반면에 내 인생은 소풍이었노라고, 혼자 잘 즐기다 왔노라고, 주신 달란트는 저 땅 속에 고이 묻어두고 주인 없는 동안 나만의 시간을 즐겼노라고 말하는 자들에게 주님은 진노하실 것입니다. 멋있어 보이는 말이지만, 실은 정말로 비참한 말입니다. 주인의 뜻과 상관없이 살았다는 뜻이기에, 단 한 번도 예배한 적이 없다는 의미이기에, 자신은 주님의 자녀가 아니라 종이었을 뿐이었다는 말이기에 그렇습니다.

정산의 결과

그렇다면 정산한 다음 주어지는 결과는 무엇입니까? 주인은 돈을 땅에 묻지 않고 수고했던 종에게 선물을 줍니다. 주인의 즐거움에 참여하는 것입니다. 종과 노예가 어떻게 주인의 즐거움에 참여할 수 있습니까? 이는 자녀만이 누릴 수 있는 즐거움입니다. 오직 가족들과 자녀들만이 한 상을 나누는 것입니다. 하나님의 자녀는 영원토록 그 즐거움에 참여하게 됩니다.

반면에 돈을 묻어 놓고 자기만의 달콤한 시간을 보낸 종을 향해 주인은 "악하고 게으른 종"이라고 부릅니다. 그는 모든 것을 다 빼앗기고, 바깥 어두운 곳으로 쫓겨납니다. 그는 울며 분을 삼키며 모든 선한 것을 박탈당하고, 주인과 누리는 모든 복된 관계에서 분리됩니다. 인생을 자신만의 소풍으로 여기고 즐기는 것은 낭만적일지 모르지만, 결코 복된 삶이 아닙니다. 나의 인생은 나만의 것이 아니기 때문입니다.

우리에게도 정산할 날이 반드시 있습니다. 맡기신 하나님이 그것을 정산하십니다. 우리에게는 달란트를 주신 주인이 계시고, 그분의 뜻이 있습니다. 우리는 하나님을 예배하도록 부름받았으며, 그 예배는 이웃을 사랑하라는 하나님의 부르심을 따라 살아갈 때 이루어집니다. 그 부르심은 첫째 나의 가족이며, 둘째 내 이웃과 직장입니다. 우리는 그곳에서 예배하도록 부르심을 받았습니다. 그러니 지금 즉시 나서서 소명을 찾으십시오. 그때부터 당신의 진정한 인생이 시작될 것입니다.

나눔을 위한 질문

1 주인에게 자녀로서 달란트를 받을 때와 종으로 받을 때의 차이는 무엇입니까?

2 우리가 보물을 하늘에 쌓는 방법은 무엇일까요?

3 언젠가 모든 것을 정산할 날이 반드시 온다는 사실이 우리에게 요구하는 것은 무엇입니까?

4 주인이 오셔서 정산한 다음에 종과 자녀에게 각각 주어지는 결과는 무엇입니까?

5 여러분은 마지막 정산하는 날 어떤 판정을 받게 되리라고 생각합니까? 그 이유는 무엇입니까?

13장

참된 예배로의 초대
(로마서 12:1-2)

13. 참된 예배로의 초대

¹그러므로 형제들아 내가 하나님의 모든 자비하심으로 너희를
권하노니 너희 몸을 하나님이 기뻐하시는 거룩한 산 제물로 드리라
이는 너희가 드릴 영적 예배니라
²너희는 이 세대를 본받지 말고 오직 마음을 새롭게 함으로 변화를
받아 하나님의 선하시고 기뻐하시고 온전하신 뜻이 무엇인지
분별하도록 하라

(로마서 12:1-2)

대학생 때 『투캅스』라는 영화를 본 적이 있습니다. 재미있고 웃긴 영화였습니다. 젊은 신임 경찰이 들어와 경력 많은 경찰과 한 조가 됩니다. 젊은 경찰은 정의감으로 투철합니다. 그러나 나이든 경찰은 이미 썩을 대로 썩어서 범죄자들에게 뇌물을 받고 못 본 체하는 것이 일상이 된 사람입니다. 나이든 경찰은 돈을 얼마나 받아먹었던지, 궁궐 같은 집을 짓고 살고 있었습니다. 대문은 좁고 별 볼 일 없지만, 막상 들어가면 집이 으리으리했습니다. 그 순간 장면이 바뀌고, 이내 익숙한 곳이 나왔습니다. 바로 예배당이었습니다. 부패한 형사는 매 주일 교회 예배에 참석해서 자기 죄를 고백하는 사람이었습니다. 죄를 고백하는 그의 모습이 얼마나 간절했던지, 그 모습에 머리가 숙연해지고 가슴이 뭉클할 정도였습니다. 이것이 비단 영화적 과장이었을까요?

어릴 적 많은 교회의 강대상 쪽에는 붉은 카펫이 있었습니다. 그 카펫 위로 갈 때는 항상 신발을 벗어야 했고, 강대상에는 아무나 설 수 없었습니다. 그곳은 하나님의 말씀을 전하는 신성한 곳이기 때문에 목사나 장로만이 설 수 있었습니다. 교회당은 언제나 세상보다 더 거룩한 곳이었습니다. 세상에서는 나쁜 짓을 하더라도, 교회당에서 해서는 안 된다고 생각했습니다. 그런데 교회에서는 그렇게 엄격하던 분이 교회 밖에서는 좋지 못한 소문을 들을 때가 많았습니다. 이는 단순히 모든 인간에게서 발견되는 이중적인 모습이기만 한 것이 아닙니다. 더 중요한 이유가 있습니다. 바로 잘못된 신학입니다. 교회당을 거룩하게 여기게 되면, 역으로 교회당 밖은 거룩하지 않아도 되는 공간이 되어 버리기 쉽습니다.

하나님을 가둬 놓은 신앙

저는 언제부턴가 어떤 사람이 믿음이 좋다는 말을 크게 신경 쓰지 않습니다. 믿음이 좋다는 말이 잘못 사용되는 경우가 많기 때문입니다. 보통 믿음이 좋다는 말을 종교적이라는 말과 같은 의미로 사용하곤 합니다. 좀 더 쉽게 말하면, 교회 활동과 기독교적 의식을 열심히 한다는 의미입니다. 중세 시대에, 가장 종교적인 사람은 교황과 성직자들이었습니다. 그들은 누구보다 종교적이고, 엄숙했고, 근엄했습니다. 하지만 당시에 가장 사악한 사람들 중의 한 부류 역시 교황과 성직자들이었습니다. 창녀나 세리의 행실과 바리새인의 위선이 결합된 모습이, 가장 믿음 좋다고 자부하는 그들에게 있었습니다.

제가 참된 예배에 대한 책을 쓴 이유가 바로 이것입니다. 교회의 목적은 종교인을 길러내는 것이 아닙니다. 교회가 존재하는 이유는 신자들을 교회에 매인 사람 혹은 종교적인 사람으로 만드는 것이 아닙니다. 성경은 성과 속이 구분되지 않는 사람, 곧 늘 예배하는 사람이 되도록 하는 책입니다. 그런데 사람들은 예배하는 사람이 되는 것을 별로 달가워하지 않습니다. 어렵고 힘들기 때문입니다. 그냥 종교적이기만 한 것이 훨씬 쉽습니다. 자기 삶은 마음대로 살고 싶고, 죄는 용서받고 싶은 마음이 인간의 본성입니다. 그런데 그렇게 살기에 딱 좋은 것이, 오늘날 많은 사람들이 마음에 품고 있는 "신앙생활"이라는 개념입니다. 자기의 예배와 믿음을 일주일에 하루, 그중에서도 오전 한 시간만 사용하는 것입니다. 나머지는 모두 내 자유입니다. 그렇게 마음대로 살다가, 죄를 범하고 양심에 가책이 오면 바로 그 한 시간을 통해 다 털어 버립니다. 이미 사람들의 눈에 기독교는 그런 종교가 되어버렸습니다. 그냥 죄를 빌기만 하면 다 용서해 주신다고 하니 얼마나 좋습니까! 실컷 내 마음대로 살다가 한 번 간절하게 용서를 구하면 다 털어 버릴 수 있으니 말입니다. 그래서 사람들은 진리를 듣기 싫어합니다. 하나님을 향한 예배를 예배당에, 일주일 중 하루에, 아니 한 시간에 가둬 버리고, 나머지는 자신을 예배하며 살기 원합니다. 하나님을 예배하지 않으면 결국 우리는 자신을 예배하게 됩니다.

이러한 모습은 타락 이후 인간에게 끊임없이 존재해 왔습니다. 이사야서에 보면, 하나님을 사랑하지 않으면서 제사만

드리러 오는 종교꾼들을 향해, 하나님은 "신물난다"고 말씀하셨습니다. 중세 교회 천 년 동안 사람들은 모든 거룩한 것을 성당과 미사에 가두어 버렸습니다. 죄를 지어도 종교적인 행위를 통해 만회할 수 있었습니다. 그런데 이를 타파하고 일어난 개신교회에도 다시 동일한 모습이 나타나고 있습니다. 지금 개신교회를 보면 중세 말의 로마 가톨릭과 근본적으로 다른지 의문이 들기도 합니다. 어떤 의미에서는, 종교 개혁 이후 500년이 지난 오늘날 또 하나의 종교 개혁이 필요함을 절실히 느낍니다.

또 하나의 종교 개혁을 추구하며

새로운 종교 개혁의 본질은 바로 예배의 개혁입니다. 이 개혁은 그리스도께서 재림하실 때까지 교회 역사에서 반복되어야 할 것입니다. 앞서 말한 이 모든 예배의 원리를 그대의 마음속에 새겨야 합니다. 이 예배야말로 그대가 이 세상에 존재해야만 하는 이유이기 때문입니다. 그대는 예배하기 위해 창조되었습니다. 하나님은 그대를 창세전에 택하사 자녀로 삼으셨으니, 그대의 탄생은 우연이 아니라 필연입니다. 나도 모르게 태어나, 어떻게 살다 보니, 예배라는 걸 하게 된 것이 아닙니다. 그대의 존재는 영원하신 하나님의 계획 안에 이미 있었습니다. 그러므로 그대는 꼭 존재해야만 합니다. 예배를 위해서 말입니다. 하나님은 다른 누구도 아닌 그대의 예배를 원하십니다. 하나님은 영원하신 작정 속에 그대가 그리스도의 지체가 되어 그리스도를 충만케 하도록 부르셨습니다. 그대는 예배를 통해 그리스도를 충만케 하며 살도록 부름받았습니다. 그대의 삶을 통해 충만하게 되신 그리스도는 온 세상을 충만케 하실 것입니다. 그러므로 예배의 개혁은 소명의 개혁이며, 삶의 개혁이며, 우리의 존재의 개혁입니다.

마지막으로 이 개혁, 곧 참된 예배의 개혁을 위해서 명심해야 할 몇 가지 사항을 말하고, 글을 맺으려 합니다.

첫째, 하나님의 말씀을 아는 것이 절대적으로 필요합니다. 말씀을 알아야 어떻게 예배해야 하는지 알 수 있습니다. 요한복음 4장 24절에서 "예배하는 자는 영과 진리로 예배한다"고 했습니다. 과거에는 신령과 진정으로 예배한다고 번역했었습니다. 사실 진정이라고 번역된 단어는 진리를 가리킵니다. 물론 진리는 우리에게 바른 정서를 만들어 내므로, 굳이 "진정"이라는 말을 사용하고자 한다면 이는 진리에 뿌리를 두고 여기서 하나님을 향해 나오는 정당한 마음을 의미해야 할 것입니다. 이 "진정"은 하나님에 대한 참된 사랑과 경외에서 나오는 올바른 태도입니다. 하나님을 참되게 아는 지식은 말씀에서 나오므로, 말씀을 아는 일은 반드시 필요합니다. 특별히 말씀을 통해 참된 예배가 무엇인지 이해해야 합니다. 타락 이전에 하나님이 원하시는 진정한 예배의 의미, 죄로 인한 예배의 단절, 이를 해결하기 위해 하나님이 주신 제사와 모여서 드리는 의식적 예배의 관계를 이해해야 합니다.

둘째, 하나님께서 참된 예배의 회복을 위해 우리에게 주신 또 하나의 예배를 적극적으로 활용해야 합니다. 이 예배는 일주일에 한 번 치러내는 예식이 아닙니다. 이 예배는 항상 참된 예배를 바라보고 있어야 합니다. 삶의 예배를 위해 존재하는 예배인 것입니다. 모여 드리는 예배가 끝날 때 참된 예배가 시작됩니다. 그러므로 성도들과 함께 정한 시간에 모여서 드리는 예배를 위해 기도하십시오. 예배의 모든 순서를 맡은 이들, 특히 말씀을 준비하고 선포하는 설교자를 위해 기도하며, 자기 영혼을 위하여 힘써 기도해야 합니다. 그리고 이 예배를 영과 진리로 드려야 합니다. 그때 우리는 삶의 예배의 원리를 배우고, 연습하며, 이를 위한 힘을 얻게 될 것입니다.

셋째, 이 세상의 공허한 실체를 깨닫고 교회의 역할을 이해해야 합니다. 아무리 찬란한 문명을 발전시키고 있다 하더라도, 하나님을 하나님으로 섬기지 않는 이 세상은 공허한 곳입니다. 사람들이 아무리 수고해도 사람의 힘으로 세상은 결코 채워지지 않습니다. 오히려 교만하여 하나님에게서 더 멀어짐으로 이 세상은 더 공허한 상태가 될 뿐입니다. 오직 주 예수 그리스도만이 이 세상을 하나님께 예배하는 세상, 곧 가득 찬 세상으로 만들 수 있습니다. 더 놀라운 사실은 그리스도를 충만케 하는 존재가 바로 교회라는 것입니다. 그 교회는 그 안에 속한 각 신자들을 통해 그리스도의 몸을 충만케 합니다. 교회의 지체가 된 그대는 이 같은 놀라운 역할을 부여 받았습니다.

넷째, 그대는 부르심, 곧 소명을 알고 그에 따라 살아야 합니다. 여기서 그대의 직업 소명이 나옵니다. 우리가 직업을 가지는 핵심적인 목적은 이웃을 사랑하고 섬기기 위함입니다. 나 혼자 잘 먹고 잘 살기 위함이 아닙니다. 이웃 사랑은 하나님 사랑과 분리될 수 없습니다. 청교도의 아버지로 불리는 윌리엄 퍼킨스(William Perkins, 1558-1602)는 이웃을 섬김으로 하나님을 섬기는 것이 신자가 직업을 가진 목적이라고 했습니다. 이것이 그대가 하나님께 드리는 예배이고, 받은 소명이며, 세상을 채우는 방식입니다. 이를 위해 가정에서는 가족들을 사랑하고 섬김으로 소명을 다하고, 직장에서는 동료들을 사랑하고 성실히 일함으로 이 사회를 섬기는 소명을 다하고, 교회에서는 교우들을 사랑하고 섬김으로 소명을 다할 때, 우리는 참으로 하나님을 예배하는 사람이 됩니다.

마지막으로 그대는 예배하는 삶을 위해 기도해야 합니다.

진리를 알고 소명을 깨달아 최선을 다해야 하지만, 여기에 반드시 더해야 할 것이 있습니다. 바로 하나님께 기도하는 것입니다. 이 모든 일은 죄인인 우리의 힘으로는 결코 해낼 수 없습니다. 어떻게 진리를 알며, 어떻게 소명을 깨닫고, 최선을 다할 수 있습니까? 그리스도의 몸은 우리의 힘이 아니라 하나님의 은혜로 세워지는 것입니다. 그러므로 그대는 기도하기를 멈추지 말아야 합니다. 기도야말로 우리의 보잘 것 없음을 알게 해 주고, 이 세상의 공허함을 실제로 보게 해 주며, 하나님의 놀라운 계획과 능력을 신뢰하게 만들어 줍니다. 기도할 때 하나님은 그대의 갈 길을 인도하실 것입니다. 이제 그대는 지금 있는 곳에서 하나님의 부르심이 무엇인지 물어야 하고 기도해야 합니다. 예배하는 삶을 위해서는, 이처럼 살아있는 주일 예배가 필요하고, 쉼 없는 기도가 요구되며, 성도의 교제가 절실히 필요합니다.

바로 이것이 우리 몸을 거룩한 산 제사로 드리는 것입니다. 우리는 바로 이 예배의 삶으로 초대받았습니다. 종교적인 삶이 아니라 예배의 삶으로 초대받았습니다. 이제 예배의 삶을 향해 나아갑시다. 이것이 하나님을 영화롭게 하는 방법입니다. 이것이 우리가 진정으로 행복하게 사는 방법입니다. 그러므로 그대는 존재해야만 합니다. 왜냐하면 그대는 하나님을 예배하도록 창조되었기 때문입니다.

나눔을 위한 질문

1 삶과 신앙이 분리되고 믿음이 의식 속에 갇혀버리게 되면 발생하게 되는 현상은 자신을 예배하는 삶입니다. 그 이유는 무엇일까요?

2 여러분이 이 세상에 존재해야만 하는 이유는 무엇입니까?

3 오늘날 우리에게는 새로운 종교개혁이 필요합니다. 이 종교개혁의 핵심은 무엇이며, 그 이유는 무엇입니까?

4 여러분이 이 참된 예배의 삶으로 나아가기 위해서 기억하고 실천해야 할 일은 무엇입니까?